Girando en un Tacón

REGINA KURI

Ilustraciones de Triana Parera

Regina y su lucha
contra las drogas
y el alcohol

URANO

1ª. edición: febrero 2020

Copyright © 2019 *by* Regina Kuri
Copyright © 2019 *by* Ediciones Urano, S.A.U.
Plaza de los Reyes Magos 8, piso 1.º C y D – 28007 Madrid
www.edicionesurano.com
Copyright © 2019 *by* Ediciones Urano México, S.A. de C.V.
Ave. Insurgentes Sur 1722-3er piso. Col. Florida
Ciudad de México, 01030. México.
www.edicionesuranomexico.com
All Rights Reserved

Fotocomposición: Joel Dehesa
Armado y diseño de cubierta: Joel Dehesa
Fotografías: cortesía de Regina Kuri y Triana Parera
Copyright © de las ilustraciones: Triana Parera

ISBN: 978-607-748-193-5

Código BIC: JFFH1	Código BISAC: SEL026000

Nube de tags:

Adicciones	Alcoholismo	Codependencia
Drogas	Prevención	Salud

Impreso por Editorial Impresora Apolo, S.A. de C.V.
Centeno 162-1, Col. Granjas Esmeralda. Ciudad de México.
Impreso en México – *Printed in Mexico*

Índice

A María, Luisa, Ana y Emilia
mi alegría más grande...

De aquí
VENGO

Soy bastante rebelde, muy inquieta rayando en lo hiperactiva, y siempre traigo unas ganas desesperadas por llamar la atención. Véanme, véanme. La mejor manera de lograrlo es no estudiando y portándome mal, y vaya que lo tengo bien coordinado.

Cada año es la misma cantaleta de la directora del colegio, "Señora, su hija le escupe al maestro y no hace nada en las clases, si no hace algo Regina va a reprobar el año". Mi mamá sale de la oficina de la directora llorando y diciéndome cualquier tipo de amenazas: "te vas a ir a la escuela de gobierno, no vamos a seguir pagando para que seas una floja". Cada año lo mismo.

En octubre empiezan los castigos. Es el mes en que se entrega la primera boleta de calificaciones, en noviembre la segunda y el castigo viene por las mismas razones: el cero interés por estudiar y tener buena conducta. Además, algo me pasa que no

Véanme
Véanme
Véanme

me puedo quedar quieta y me cuesta mucho trabajo concentrarme en lo que están diciendo las maestras.

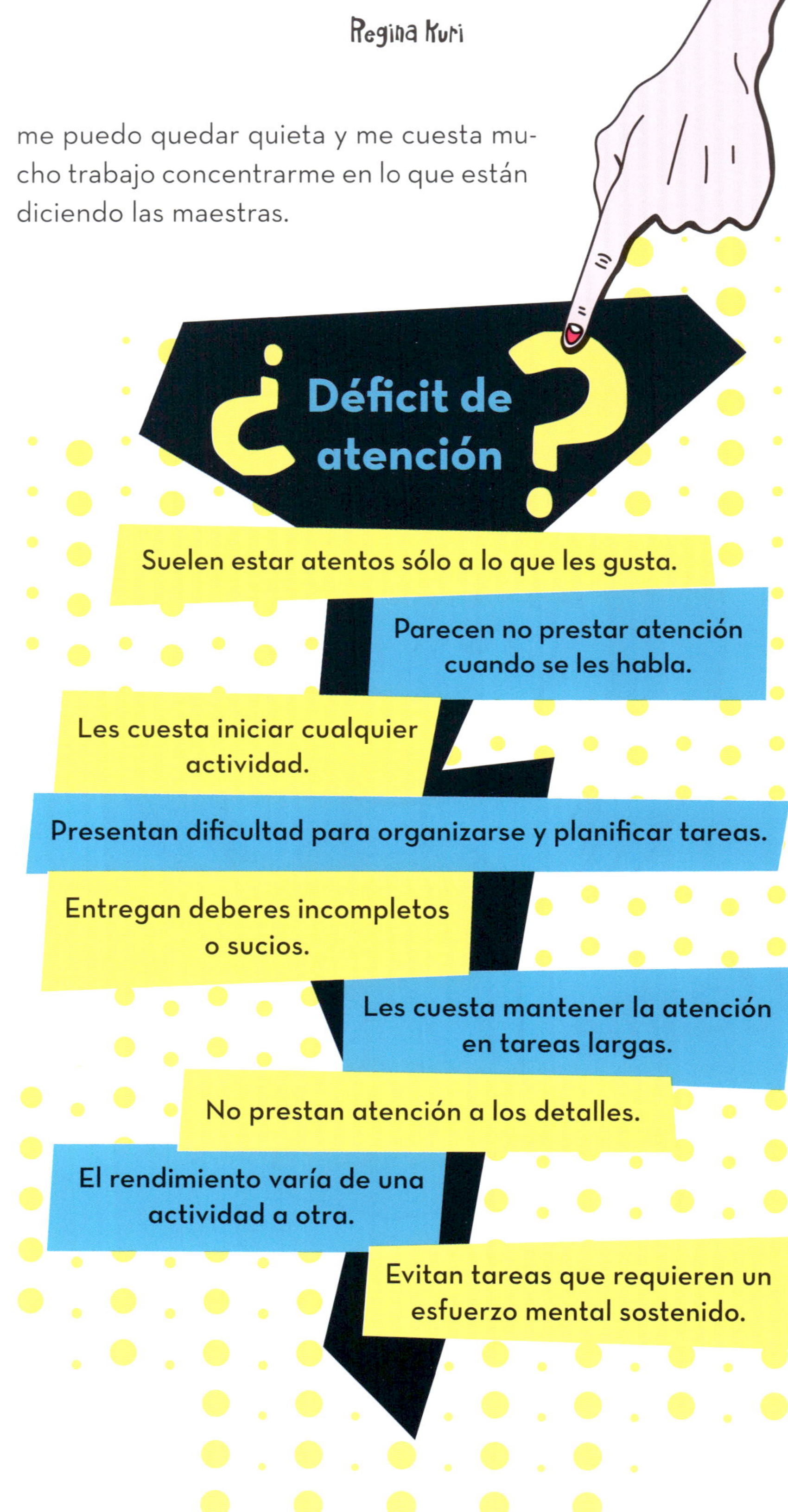

TDA
TDA
TDA
TDA
TDA
TDA
TDA
TDA

Así me la llevo todo el ciclo escolar, hasta que empieza uno nuevo, es septiembre y es el único mes que puedo ir a las fiestas o ver a mis amigas fuera del colegio. Y en octubre, la misma historia.

Al parecer a mí no me importa en lo más mínimo esta situación, de hecho asumo la responsabilidad, no estudio, me castigan y se acabó. La escuela para mí es echar relajo, mismo que no echo afuera debido a los castigos, así que año con año caigo en el mismo círculo vicioso.

Mis papás no sé si sufren, pero lo que sí es cierto es que no pueden entender (ni ellos ni nadie) por qué razón yo no soy como mi hermano.

Tengo un hermano cuate, que sí estudia y sí se porta bien, y lo peor es que vamos en la misma escuela. Es bastante mustio (también de repente hace de las suyas), somos prácticamente polos opuestos a pesar de que nacimos el mismo día, pero por más mal que se porte siempre soy yo la que se mete en problemas. Él es tranquilo, sabe que si estudia lo van a premiar, de hecho mi papá nos da 10 pesos por cada 10 de calificación, y mi hermano es el que siempre se lleva la lana. A mí no me importa nada, ni el dinero ni los premios, ni los regaños y castigos, de cualquier manera siempre me las arreglo

para salir bien librada de las situaciones en las que me meto. No pienso jamás en las consecuencias de mis actos, para qué si voy en primaria y no tengo absolutamente ninguna responsabilidad en la vida, aunque mi papá me dice que sí y es estudiar, a mí no me importa, yo lo que quiero hacer es actuar, ser una gran actriz. En las clases abiertas de inglés nos hacen hacer escenitas de situaciones X y ahí sí saco puro 10 de calificación. Mi mamá nos lleva a mi hermano y a mí los domingos al teatro Polyforum a ver a Cachirulo, y mi abuela al foro de Coyoacán. Soy muy feliz cuando vamos, siempre pienso que los actores me están viendo y dan la función para mí solita. Ése es mi mayor deseo: estudiar actuación. Pero para poder hacerlo mis papás me ponen dos condiciones, que acabe la escuela y me mantenga sola. "El día que te mantengas haces lo que quieras", me dice mi mamá cada que me pongo necia con algo fuera de ese "deber ser" por el que tanto lucha, y ser actriz se aleja mucho de eso. De hecho yo actúo todo el tiempo, sí, mi actuación consiste en hacerle creer a todo el que esté a mi alrededor que a mí no me pasa nada, que siempre todo está de maravilla, que en la vida sólo hay que reír y pasársela bien sin importar nada, cuando en realidad no entiendo cómo es la vida, ni por qué no soy como mis papás quieren que sea. NO QUIERO, no puedo, me gusta lo que no conozco, lo que no me dejan hacer, si me dicen no toques el fuego porque quema no me la creo, yo lo tengo que tocar, no entiendo qué es lo que siento (o qué NO siento) que lo que veo no me es suficiente para vivir. No siento que pertenezco a eso que quieren que me ajuste. Yo necesito hacer mi santa voluntad y que la gente lo sepa para sentirme bien, importante, que valgo algo.

No me gusta ponerme vestidos ni jugar con muñecas, más bien odio que me impongan las cosas porque así tiene que ser, aunque me gusta estar con mis amigas en el recreo, prefiero jugar futbol con los niños y echar relajo en el salón, ser la líder, porque cómo me gusta organizar a todo el mundo para el desmadre. "Señora, su hija es líder negativa", le dicen a mi mamá cada que la mandan llamar, y vienen otra vez los problemas, los regaños y los jalones, muy merecidos por cierto. Pero ¿qué siento?, no sé, miedo quizá, miedo a que me vean como soy

"Señora, su hija es líder negativa"

realmente porque me siento menos que los demás, tengo la sensación de que no valgo o no soy suficientemente nada, sin embargo aparento todo lo contrario, me llevo bien con todo el mundo, hasta con las maestras de la escuela (igual por eso no me han corrido), en cualquier tipo de deporte soy de las mejores (incluyendo a los niños), en especial en el karate, ahí sí que me siento a mis anchas, me gusta mucho y cuando estoy en clase es el único momento en el que siento que soy yo, sin máscaras. Casi siempre gano los torneos y me siento feliz, aun cuando no tengo la aprobación de mi papá, con eso de que el karate no es para niñas, pero mi mamá me apoya, bueno, mi papá también, pero la idea de que su hija se agarre a golpes con otros niños, nomás no le acaba de gustar. Pero yo sigo hasta hacer mi examen de cinta negra y lo paso con mucho esfuerzo, quiero demostrar que soy la mejor, quiero que me aprueben y que me quieran, lo logro, pero aun así no se me quita esta sensación fea que no puedo explicar con palabras.

Al fin terminó la primaria, ya voy en primero de secundaria y sigo igual de rebelde que antes o peor, todo el tiempo agarrada del chongo con mis papás por no querer estudiar y hacer lo que se me dice, sólo que ahora me siento distinta, ya puedo comprender mejor qué es lo que pasa dentro de mí. Como consecuencia mis mecanismos de defensa

evidentemente se agudizan, pero ¿contra qué estoy luchando? Siento que en vez de vivir cada día lo sobrevivo.

Surgen en mí inquietudes nuevas, veo a los niños más grandes que yo en la escuela y se me antoja aprender a fumar, nomás por pura curiosidad. Mi papá y mi mamá fuman, y por supuesto que no les voy a decir a ellos que me enseñen, pero a mi hermano sí.

Yo pienso que verdaderamente es una necedad que quiera fumar, pero no me importa, quiero aprender a darle el golpe y hacer trucos con el humo del cigarro. La sensación que me da el fumar me alivia, me hace sentir grande, no importa que me maree, tarde o temprano le voy a agarrar la onda. ¿Para qué?

Para llamar la atención.

Todavía tengo cuerpo de escuincla y ya quiero fumar, y fumo. Le robo los cigarros a mi papá, otros me los regalan en la escuela, hasta me fumo los cigarros que dejan en los ceniceros, fumo a escondidas de todo mundo, sé que si me cachan ahora sí me mandan a la escuela de gobierno segurito. Ni lo disfruto del miedo, me subo a la azotea o me voy al fondo del jardín

#%Ch!%?
#%C!?
Un día salgo al jardín y escucho voces al fondo atrás de unas piedras...
Es mi hermano con dos amigos y están fumando. Me entra muchísima curiosidad, ya antes había probado el cigarro pero no le daba el golpe, así que me acerco, ellos se asustan porque piensan que los voy a acusar, pero yo no soy una rajona.

¿Me enseñaaan?
Les digo que me enseñen y aceptan, prendo uno y a la primera bocanada siento una bolsa de humo espantosa en el pecho, casi me ahogo, le doy otra y lo mismo, ya como al tercer y cuarto intento le agarro la onda, pero el sabor no me gusta para nada.

El Tabaco

Fumar no te quita el hambre ni te calma, lo que haces a cada bocanada es aliviar el síndrome de abstinencia que provoca la misma adicción, por eso, es mejor **NO EMPEZAR.**

Fumar puede hacer que no puedas tener hijos.

Mancha los

Más de la mitad de los adolescentes desarrollan adicción a la nicotina **DESDE LAS PRIMERAS FUMADAS.**

Cada cigarro contiene más de **7000 sustancias químicas,** como arsénico y amoniaco.

LA ADICCIÓN a la nicotina es comparada con la de la cocaína y la heroína.

Te huele la boca a rayos 
dientes
Provoca enfermedades
en las encías y lengua.
Aumenta el
riesgo de
cáncer

y fumo tan rápido que me meto unas mareadas horribles. Ese miedo que siento es lo que hace interesante el hecho, descubro que ese miedo se llama adrenalina y me encanta. La realidad es que me enganché enseguida al tabaco.

CAPÍTULO 2

CUANDO SE APAGA LA TELE

Termino primero de secundaria, la verdad no sé ni cómo logré pasar el año. Tengo trece años y es verano, por fin me levantaron el castigo. Una amiga de la escuela me invita a la comida del cumpleaños de su papá, le pido permiso a mi mamá y me lo da, eso me provoca una gran alegría. Jana es amiga mía desde la primaria, me cae súper bien, además parece que va a ir Horacio su primo que me gusta mucho y es el galán de moda. Me pongo una falda de cuadros tipo escocesa y una blusa blanca, me veo muy arregladita (como dice mi mamá). Me visto así, primero porque es una comida medio elegante y de todas las amigas de Jana, nada más yo estaba invitada, y segundo porque estoy tan contenta de que sí me dejaron ir mis papás que quiero darles el gustito de que me vean "arregladita". Llego a la comida, la casa es enorme, así que los grandes están en el salón de fiestas y nosctros los

mocosos en el jardín, por consiguiente nadie puede ver lo que hacemos. Estoy sentada en el piso platicando con Horacio y traigo en la mano una cuba pintadita pero de tanto ron que tiene, y en la otra mano un cigarro. Estoy tratando de hacerle ver a este tarado y a todo el planeta si se pudiera, toda la mujer de mundo que soy, que puedo tomar la cantidad de alcohol que yo quiera sin que se me suba. Cabe aclarar que nunca he tomado alcohol salvo traguitos de cerveza que a veces me da mi papá. Me la acabo casi de un sorbo y pido otra, ¿por qué no?

Si de por sí la relación con mis papás dejaba mucho que desear, ahora menos va a caminar bien. De verdad me siento bien arrepentida, me siento muy mal por lo que hice, quieren que les dé una explicación, por más que le busco no la tengo, pero sí les juro por toditos los dioses que no lo vuelvo hacer nunca jamás. Ningún juramento ni promesa me salva de un buen castigo por lo que queda del verano, no puedo salir ni a la puerta, ni hablar por teléfono, NADA.

Sólo cuando no están mis papás en la casa me van a visitar a escondidas mis amigas. Yo me subo a la azotea para verlas y ellas desde la calle me platican los últimos chismes, pero sólo un ratito, no me vayan a cachar. El caso es que yéndoseme la pena y el arrepentimiento, la rebeldía y el valemadrismo vuelven a su estado normal. Sí lograron asustarme por un tiempito, pero en cuanto empezaron las clases la mala conducta comenzó a dar frutos una vez más.

A jugar y fumar dentro del salón por el bien de las travesuras, nomás porque sí.

Le estoy enseñando a Horacio cómo se hace el submarino, un truco con el cigarro que consiste en darle el golpe, luego darle un tragote a la cuba y sacar el humo después.

Me empiezo a sentir muy mareada y me gusta la sensación: me recuerda cuando me pongo a dar vueltas con los ojos cerrados sobre mis pies, empiezo como a flotar. Pierdo total interés en la plática con este güey, ya ni oigo lo que me está diciendo, me paro y me voy a la cocina a buscar a Jana, ahí le digo a la muchacha que me dé otra cubita y me siento en el antecomedor a seguir haciendo truquitos. Llega Jana a sentarse conmigo, no sé si me nota rara, ella también está tomando algo, pero no está borracha. Yo sí y estoy muerta de risa como si fuera un chiste. A nadie parece importarle mi estado ni mi risa, nadie me está pelando más bien.

Agarro mi vaso, mis cigarros, y me voy de nuevo al jardín a buscar a Horacio a ver qué ofrece de diversión, pero ya no puedo caminar bien, me tambaleo, de hecho, me pesan mucho los párpados y no puedo abrir los ojos. No lo encuentro (seguro pasé enfrente de él y no lo vi del pedo que traigo), así que me siento en el mismo lugar donde estábamos a esperarlo. Cada vez me siento más mareada, como si me

hubiera levantado un remolino. De pronto caigo en la cuenta que este cuate quién sabe dónde está, me levanto como puedo y me voy a la salita de televisión, ahí me encuentro a Jana que está platicando con una prima. Me desplomo en el sillón casi encima de ellas y les digo que me voy echar una siestita, ellas siguen platicando, creo.

Me despierta un olor muy raro que no logro distinguir qué es, abro un ojo y me doy cuenta de que no sé dónde estoy, y siento una sensación de humedad en la ropa y en el cuerpo. Me incorporo y veo un charco de vómito en el piso y yo en medio de éste, tirada, toda embarrada del pelo a la cintura. Sigo en el cuarto de la televisión, pero no tengo la más mínima idea de qué fue lo que pasó. Estoy confundida, camino al baño que está dentro de la misma habitación, me veo al espejo y por un instante no reconozco quién soy.

Estoy pálida como muerta y toda embarrada de vómito, abro la llave del lavabo para echarme un poco de agua en la cara, sigo sin entender nada, pienso que estoy en el sueño de alguien más, hasta que caigo en cuenta de todo: me había puesto hasta la madre de borracha.

Entra Jana al baño, me ve con asombro, yo entre que no sé qué onda y me muero de la vergüenza no sé ni qué decirle, sólo le pregunto que qué fue lo que pasó. No me dice nada y sale.

Vuelvo en mí y traigo puesta una pijama de franela, el pelo mojado y estoy acostada en una cama. Entra Jana y me dice que ya llegaron mis papás por mí, siento mucho miedo, y en eso veo entrar a mi mamá todavía más confundida que yo. Me pregunta:

"¿Qué pasó, qué hiciste ahora?"

Me salgo de la cama y le digo que me voy a quedar a dormir aquí. Se acerca, me toma del brazo hecha una furia y me saca de la casa diciendo toda clase de improperios, me mete al coche, yo no puedo ni abrir la boca, no se me ocurre nada que pueda decir a mi favor, ahora sí estoy frita. Me siento muy apenada, con mucha vergüenza y sobre todo pienso que ahora sí he traicionado la confianza de mis papás para siempre, nunca más van a confiar en mí. Y como dicen: la confianza se gana, y pues yo ya la perdí.

Intoxicación aguda

Es provocada por tener determinada cantidad de alcohol concentrada en la sangre, es decir a partir de los 6 tragos de alcohol destilado (tequila, vodka, ron, etc.) o 10 cervezas, pero influye mucho la velocidad en que los tragos son ingeridos, es decir, una persona promedio alcanza a metabolizar un trago por hora, si tomas más rápido que eso, corres el riesgo de tener consecuencias más allá de ponerte *happy*.

Se afecta el control motor, caminas raro.

Se altera el estado de ánimo.

Hay deterioro mental y físico, problemas para seguir la conversación, malestar.

Naúseas, vómitos.

Pérdida de conocimiento.

Coma.

Paro respiratorio / muerte.

Ahora practico básquetbol, me fascina, y como las de mi salón no juegan, pues juego en el equipo de las grandes de quinto y sexto de prepa y nos volvemos amigas de volada; siempre me ha gustado juntarme con gente más grande que yo. Mi mundo se vuelve eso, nada más jugar básquetbol todo el día. El básquet y los triatlones me alejan un poco de la bebida, pero sigo fumando, eso sí no lo dejo por nada, opto por la pose de "a mí no me gusta el alcohol" y soy muy madura porque no tomo... jajaja, pura pose, la verdad, porque sí me gusta de repente emborracharme con mis amigas. De cualquier manera casi ni voy a las fiestas por los castigos, entonces son pocas las oportunidades que tengo para chupar.

O sea que dentro de todo es una época tranquila. Me encanta el deporte y no nada más eso, sino que soy muy buena y eso de alguna manera me imagino que tiene contento a mi papá. Sin embargo sigo teniendo esa sensación de "no aprobación" por parte de él; sé que me adora y todo lo demás, pero me duele, no sé cómo acercármele, pero como a mí no me gusta llorar ni hacérmela de tos mejor trato de no pensar en eso.

El Alcohol

EL ALCOHOL DEPRIME LAS FUNCIONES DEL SISTEMA NERVIOSO CENTRAL (SNC). Primero deprime la corteza del cerebro, para luego afectar progresivamente niveles inferiores del SNC produciendo distintos niveles de embriaguez e incluso estado de coma y la muerte. A medida que aumenta la concentración en la sangre va perdiendo su atractivo, produciendo alegrías transitorias que terminan en tristezas e incluso en suicidio, violencia, incoordinación, accidentes, coma y muerte.

¿Cómo afecta el alcohol?

APARATO DIGESTIVO

Aumenta la incidencia de cáncer, gastritis aguda y crónica, úlcera, mala absorción de vitaminas, minerales y grasas, pancreatitis aguda y crónica.

HÍGADO

Hepatitis aguda, hígado graso y cirrosis.

APARATO CARDIOVASCULAR

Hipertensión arterial, taquicardia, miocardiopatía.

SISTEMA NERVIOSO

Atrofia cerebral y demencia, ataques epilépticos.

APARATO REPRODUCTIVO

Disminución de la fertilidad, disfunción eréctil.

MENTE

Celos patológicos, *delirium tremens*, alucinaciones e ilusiones, depresión mayor.

Mientras más joven empieces a tomar más riesgo existe de que tu cerebro no se alcance a desarrollar correctamente lo que te puede provocar problemas de aprendizaje e incapacidad para controlar el mismo consumo de alcohol y de todo lo demás.

La relación con mi hermano es pésima, cada vez nos alejamos más, la verdad es que me cae gordo, pinche mamón mosca muerta. Me choca que me chantajee cuando me cacha fumando, me pide que le dé cualquier cosa, dulces, dinero, etc... y si no se lo doy, va de rajón. Yo me lo cacho en mil maromas y no le digo nada y mucho menos voy de rajona con mis papás. Él viaja con bandera de bueno y bien portado echándome tierra a mí. Yo sé que no soy monedita de oro, pero por lo menos no ando viendo qué hace para chingármelo después. La verdad le tengo envidia, pero no me gusta aceptarlo. Me revienta el hígado que él tenga más permisos que yo, que él sí pueda ir a las fiestas y quedarse más tiempo y todo por el hecho de que es hombre. "Los hombres tienen más libertades": Me revienta. Yo no sé quién inventó esa manera de pensar, o por qué el sistema es así. Yo le echo la culpa a mi hermano, pero la verdad ni él ni yo tenemos la culpa de que mis papás tengan una manera de pensar como del siglo pasado, de que los hombres son de calle y las mujeres de casa. Pero cómo se aprovecha de esa situación el güey.

Yo trato de no decir nada, ni expresar mi descontento de frente. Finalmente mi conducta es bastante mala y eso no me da derecho a la libertad de todas maneras, sin embargo crece en mí un resentimiento muy grande que se refleja en mi actitud. Me empiezo a fugar en las superficialidades, empiezo a vivir de la opinión de los demás, si alguien me dice que soy bonita entonces me la creo, si me dicen que soy fea igual, gorda, flaca, sexy, lista, tonta, etcétera.

Digamos que pongo mi vida, más bien mi entera autoestima, al servicio de la opinión pública y como casi todo el mundo me dice que estoy muy guapa, soy buena para el deporte y me encanta el protagonismo, pues agarro eso como una excelente manera de fugarme para no ver y sentir que estoy vacía. Mi necesidad por llamar la atención se hace cada vez más grande. Denme, denme, véanme, véanme. Es padre vivir de la opinión de los demás,

Los hombres
tienen más
libertades.

siempre y cuando ésta sea positiva. Un comentario malo puede tirar ese maravilloso castillo en el aire que yo misma hago en mis pensamientos, y de ser preciosa WonderWoman, puedo convertirme en horrenda Mierdagirl, así que cuido las relaciones y las apariencias como mejor puedo para caerle bien a todo el mundo siempre. Es muy estresante, la verdad, pero creo que desde

Test de Autoestima

Responde cada pregunta con las opciones:
"nunca", "a veces", "muchas veces" o "todo el tiempo".

1) Me acepto como soy.

2) Confío en mí.

3) Sé afirmarme.

4) Siento que la mayoría de las personas me quiere.

5) Puedo hablar fácilmente frente a un grupo.

6) Siento y pienso que merezco ser feliz.

7) Creo que mi opinión es tan importante como la de los demás.

8) "Es humano cometer un error", ¿te dices esta frase cuando te equivocas?

9) ¿Te es fácil escuchar una crítica constructiva que se te hace?

10) ¿Eres capaz de decirle a otro adulto que no aceptas su comportamiento?

11) Cuando una relación te hace daño, ¿puedes dejarla?

12) ¿Tienes la capacidad de decir "no" cuando es necesario?

De 0 a 15 puntos.
Es muy importante que hagas conciencia de
qué quieres y lo que te hace bien sin pensar
en complacer a los demás.

De 16 a 25 puntos.
Estás en el camino. Acuérdate que sólo tú eres
responsable de tus decisiones.

De 26 a 36 puntos.
Excelente, te respetas y sabes lo que quieres.

chica se me hizo una buena manera de sobrevivir. Digo sobrevivir como si ser insegura fuera una enfermedad, hasta este punto de mi vida creo que no sé ni su significado real, mucho menos sus alcances, pero aunque quisiera que fuera una enfermedad, no es sino un defecto o algo así. Una montaña de complejos, eso es lo que significa para mí la inseguridad y yo estoy debajo de ella aparentando rebién estar muy por encima.

A finales de tercero de secundaria me hago de un novio, digamos un poco más formalito que el par que tuve de más chica. Él tiene dieciocho años y va en sexto de prepa, pero en otra escuela, ya lo conocía de vista por los triatlones y un día fue a mi casa, mi hermano lo invitó a nuestra fiesta de quince años pero esa vez me cayó gordísimo. Es tan mamón. Pues empieza este cuate, que yo juré nunca hablarle, a invitarme a salir, salimos y caigo rendida a sus pies, mega enamorada del güey. Trae un carrazo

negro del año, divino, y él es verdaderamente un bombón. Mis amigas me toman un respeto especial por andar con el más guapo a kilómetros a la redonda, digamos que se me cuadran. Mi inseguridad se esfumó por completo, ahora sí soy la reina del mundo. A mí no me gusta ir a misa ni me interesa en lo más mínimo ejercer la religión (hasta en contra estoy de eso). Pues con Mario voy a misa ENCANTADA de la vida tomada de su mano. Me fascina que me vean llegar con él a cualquier parte, yo soy a través de él y nada más.

Mario se va a su viaje de graduación a Ixtapa, el típico viaje de generación donde se va a emborracharse y a acostarse todos con todos. Cuando regresa me entero que me pintó el cuerno con una tal Lucrecia, y no nada más en el viaje, sino desde antes.

Se me caen los calzones en el momento en que oigo la noticia. Ya antes habíamos tenido un problema de ese tipo, el día de mi graduación de secundaria él estaba medio borracho, yo me fui al baño con mis amigas y cuando regresé lo vi bailando con la hermana de un amigo mío con la que antes había tenido que ver.

Me enojé muchísimo pero se la pasé, no quería que me dejara por nada del mundo. Cuando lo enfrento por lo del viajecito a Ixtapa, el güey no me dice nada, sólo el clásico choro de "no eres tú, soy yo" y me manda a la chingada en un segundo. Todavía se me acerca para darme un beso de despedida y yo se lo respondo muriéndome por dentro del dolor, pero ni lloro ni nada, que no vea el hijo de su reputísima madre lo que me hizo.

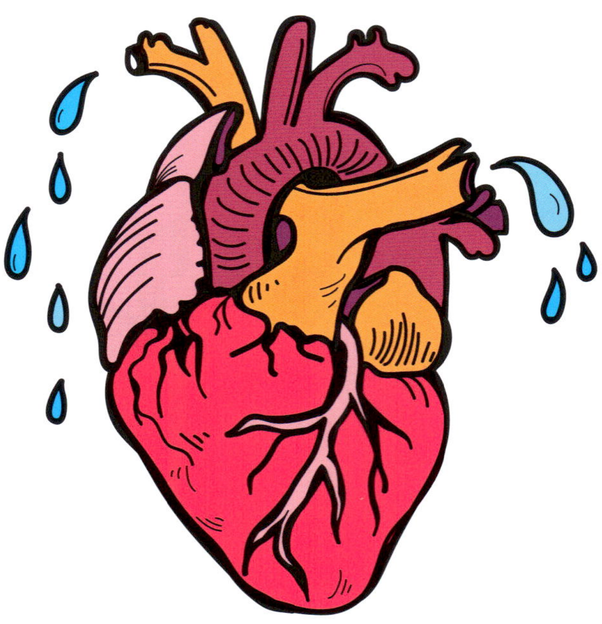

CAPÍTULO 3

Resentimiento, veneno que me tomo yo para que te mueras tú

e paso el verano chillando con mis amigas, jugando cartas, y maldiciendo a él y a todos los hombres que se me cruzan en el camino. Creo que estoy deprimida, tengo una sensación de pesadez en el cuerpo, ya no quiero salir, ni hacer ejercicio, no quiero hacer nada absolutamente, me siento decaída desde que me despierto hasta que me vuelvo a dormir, sólo quiero fumar y fumar (a escondidas, claro) y estar echada en un sillón viendo la tele o leyendo novelitas de niñas drogadictas y deseando ser una de ellas algún día. Me cambia la concepción de la realidad: para mí lo jodido, o sea los drogadictos o los enfermos mentales, es lo padre y lo interesante, yo quiero ser una de ellos. Veo películas de mujeres que están en la cárcel por haber traficado o matado y me imagino que soy yo, es mi fantasía, yo quiero ser Alicia del libro

RESENTIMIENTO

Pregúntale a Alicia, o Janis Joplin, cualquiera quiero ser que no sea yo, y si está mal pasada mejor. No sé por qué pero idealizo el mundo de las drogas y de los drogadictos, me quiero identificar con eso o con lo que sea. Busco un lugar para mí en algún lado pero al mismo tiempo no sé ni qué estoy buscando. ¿Paz? ¿Amor? ¿Aceptación? Me quiero quitar esto que siento como sea.

Traigo tantas emociones y confusiones en la cabeza y no me gusta hablar de mí, ni quejarme de lo miserable que me siento. A veces pienso que la única jodida en el mundo soy yo pero no lo digo, no hablo porque pienso que lo que tengo que decir acerca de las cosas que siento no es interesante para la gente, no es importante, **prefiero que la gente me cuente sus cosas a yo abrirme.**

Me corté el brazo con unas tijeras, se siente raro, también me gusta la sensación cuando me quemo los brazos con cigarros. Sí duele, pero me hace sentir bien, no sé, creo que lo hago para llamar la atención. Me gustan las cicatrices, pero igual por más que le hago no me quedan marcas, tengo buena piel o yo no sé. Debería usar una navaja más gruesa y cortarme bien, pero no me atrevo nomás de pensar en el desmadre que se armaría. Es otro intento fallido para hacerme notar.

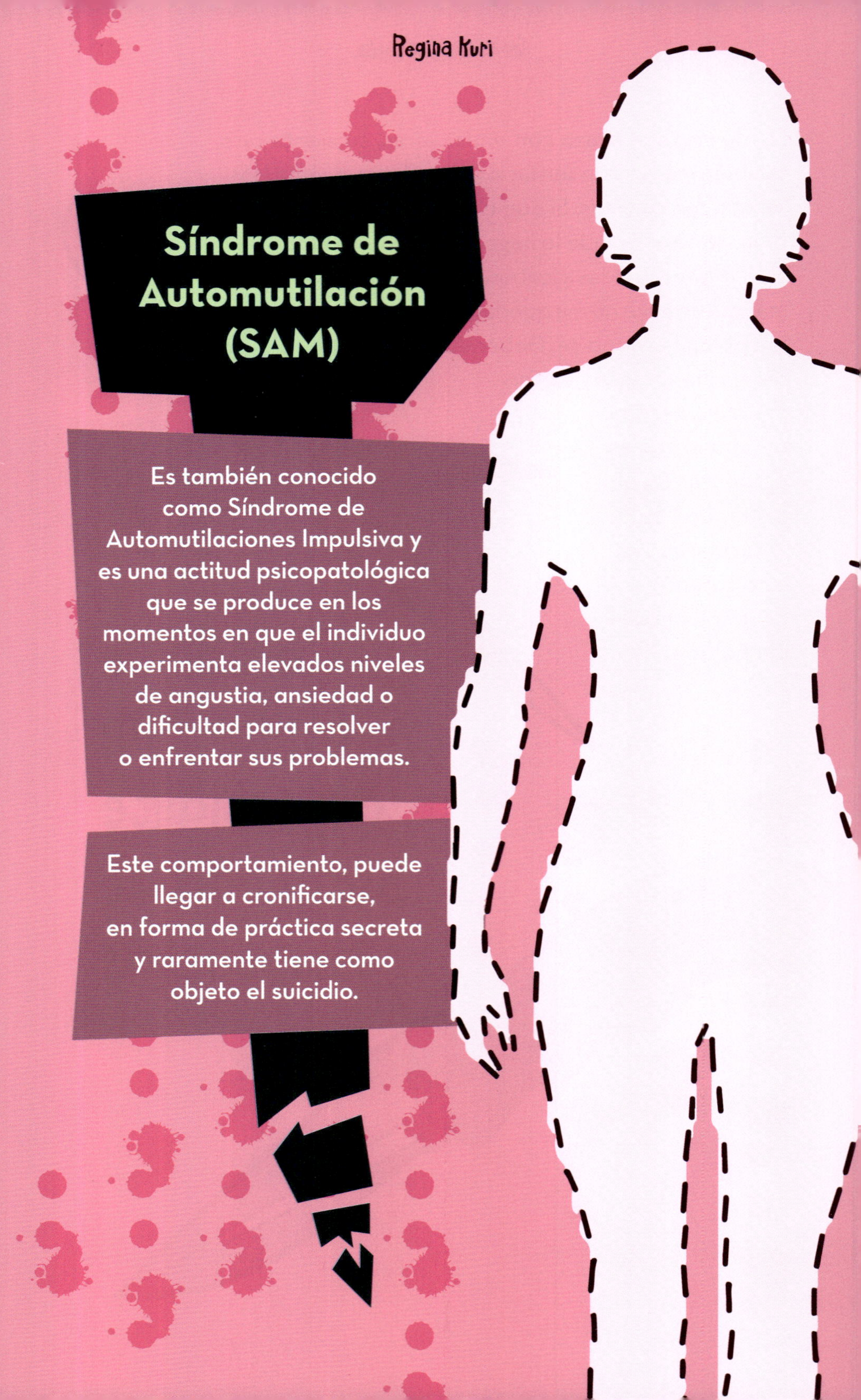

Regina Kuri

Síndrome de Automutilación (SAM)

Es también conocido como Síndrome de Automutilaciones Impulsiva y es una actitud psicopatológica que se produce en los momentos en que el individuo experimenta elevados niveles de angustia, ansiedad o dificultad para resolver o enfrentar sus problemas.

Este comportamiento, puede llegar a cronificarse, en forma de práctica secreta y raramente tiene como objeto el suicidio.

No sé en qué momento pasó, de pronto estoy parada frente al espejo, con unos jeans puestos y una camisa de franela a cuadros, enorme y vieja. No puedo creer lo que estoy viendo, soy una bola. Tengo 16 años, voy en cuarto de preparatoria y peso no sé cuantos kilos, 60 puede ser. Una mañana despierto, me meto a bañar y así, sin más ni más, me veo gorda. Yo así no estaba. Es como un sueño del cual quiero despertar ya, pero no, es mi realidad, mi puta realidad.

Alguien dígame por favor ¿cuál es la causa para que yo esté así? De ser siempre muy delgada, y sin ninguna tendencia a engordar, de repente me inflo como globo sin darme cuenta.

De ser la guapa y popular de la escuela con los novios más guapos y viviendo completamente en las nubes, paso a ser una seudointelectual de dientes para afuera, acomplejada, según yo comprometida con la lectura, me intereso por estudiar el movimiento del 68 y la filosofía obviamente. Me vuelvo *hippie* a fuerza, la verdad es una moda que me conviene mucho para expresar sin palabras mi descontento con la vida y para no andar vestida como los demás, pero principalmente para tapar esas nuevas lonjas y enormes nalgas que tan incómoda y fea me hacen sentir. Se me desata un complejo de inferioridad —que según yo eso era de jodidos—; la inseguridad de pronto se me vuelve un estado base de conciencia, me retraigo, me aíslo de mi familia, quiero luchar contra mis papás, no quiero ser como ellos, no me gusta lo que ellos ofrecen, "una vida normal", cuándo van a entender que yo no soy "normal". Me meto en un mundo donde no entra nadie si yo no lo permito, aunque pido a gritos, en silencio, que alguien

quiera entrar. Se produce en mí una
necesidad impresionante por expresar lo que siento (lo
protagonista no se me quita desde niña) y lo hago por medio de
la pintura. Pero no en cuadros: pinto las paredes y los muebles
de mi cuarto, mis camisetas, cualquier superficie donde se pueda. Hago de mi recámara el único lugar donde me siento segura,
una guarida, paso horas enteras decorándola aislada y evadida
del mundo. También escribo cuentitos de amor imposible y cursis
como la chingada. Lucho por ser libre, ¿libre de qué? Lo que quiero

es hacer mi santa voluntad sin ninguna obligación ni retén. Busco libertad para las mujeres, cero represión. Mi mente se vuelve una revolución de utopías y pensamientos liberales, feministas, y los expreso con el único fin de que la gente me deje en paz de una vez por todas. Así pienso, así soy, ¿y? Me pongo la máscara perfecta, quiero cambiar al mundo pero para no hablar realmente de mis sentimientos y de lo que me pasa. Pero a quién le importa mi descontento y mis ganas de ser rebelde. A NADIE. Mis papás lo que quieren es que estudie y me porte bien, en pocas palabras que me deje de idioteces, eso es todo.

¿Dónde está Dios? Dios no existe, según yo. Por supuesto que mi madre ha hecho hasta lo imposible para que mi hermano y yo nos vayamos por el camino del "bien", asistamos a misa y todo lo que conlleva ser un católico practicante, de hecho hasta confirmados estamos, no vaya ser que algún día nos queramos casar y no se pueda por el trámite. Pero yo insisto, dónde está Dios que ni lo veo ni lo entiendo, según yo cada quien se busca los logros y las derrotas, cada quien hace su vida como mejor le parece. Quizá esté más peleada con la religión que con Dios. Aún así en mis ideales feministas y artísticos Dios no cabe, y de necesitarlo ni hablamos, ¿para qué? Aunque sí respeto a la gente creyente, digo... cada quien su onda. Si quiero que me respeten tengo que empezar por respetar, eso me queda clarísimo, por eso me arde que la gente me juzgue y se meta con mi manera de pensar. "El respeto al derecho ajeno es la paz", como decía Benito Juárez.

Traigo una curiosidad encabronada por probar la mota, quiero saber si sí se ven elefantes rosas volando en el aire. Mi novio me platica que fuma marihuana de vez en cuando, yo como que no quiere la cosa le digo que si me consigue tantita, y me dice "yo nunca te voy a dar mota", fin de la conversación, pero el gusanito sigue merodeando en mi cabeza. La misma curiosidad que mató al gato. De cualquier manera ya tengo fama de pacheca en la escuela, por la facha, y a mí me gusta que la gente piense eso, como que me hace sentir importante, única, digamos que especial, soy marihuana sin fumarla. Lo que sí me enseña mi novio es el viaje con un tipo de medicamento para la garganta que tiene un atomizador de aire comprimido. Me enchufo el atomizador en la boca, lo acciono y al mismo tiempo jalo aire durísimo, UUFFFFFFF. La sensación es rarísima, siento como hormigueos por todo el cuerpo y la cabeza pesada, pesada, dura apenas unos segundos pero está increíble. Sólo que sí me da miedillo quedarme pegada, trato de no hacerlo muchas veces en un mismo día, además de que pierde su efecto, al rato voy andar con una estopa en el hocico y eso sí que no. Bueno, finalmente es sólo por experimentar cosas distintas y no estar dentro de lo normal, no soy alguien que se arrepienta de lo que hace, y si es así prefiero arrepentirme de lo que hago, que de lo que no. Como mis amigas, que todas son bien fresas, niñas *nice*, igual que yo, sólo que yo ando disfrazada de pirata como dice mi abuela. Ellas son más recatadas, mujercitas de su casa y no andan pensando en experimentar tarugadas como yo. Siempre he sido la piedrita en el arroz, la loca, la diferente, y la verdad me gusta ser así para que no me confundan. No es que piense que ellas no valen ni nada, pero soy rebelde y voy contra el sistema y lo normal, que en este caso son ellas las que lo representan, sin embargo nos aceptamos como somos y nos queremos desde niñas. Aunque yo soy amiga de todos y de nadie, no me comprometo con nada más que conmigo misma, y a veces ni eso. No pido para que no me pidan luego. Sentirme aislada me hace sentir diferente, o quiero ser diferente pero al mismo tiempo me creo el centro del universo y al final no entiendo nada y por segundos crece mi necesidad de amor.

Acabo cuarto de preparatoria, tengo dieciséis años y ya me está gustando esto de ponerme hasta la madre con alcohol, lo cual me engorda todavía más, me he convertido en una fodonga, esa es la palabra, pero ni siquiera una fodonga feliz y resignada, sino todo lo contrario. Siento presión en mi familia, creo que tampoco ellos entienden el por qué estoy así, mi hermano me dice gorda, y hacen chistes de los cuales me río por afuerita pero por dentro los quiero matar.

Debido a mi gordura, le pido a mi mamá que me lleve con un doctor para bajar de peso (supuesto nutriólogo) que me recomendó una amiga mía de la escuela. Vamos mi madre y yo a ver al doctorcito este. Entramos al consultorio que más bien parece una sala de estar con una báscula y una señorita sentada en un escritorio. Me da una forma para llenar, lo clásico: "¿Sufre usted de hipertensión, es alérgica a algún medicamento?", etc.

Me subo a la báscula y casi me voy para atrás de la impresión. ¿En qué maldito momento subí tanto de peso?

64 kilos, y yo mido 1.66. No me lo explico, apenas hace un año pesaba 55 kilos, siento un enorme hueco en el estómago, me quiero morir.

Entro a otro consultorio con el doctor, me toma la presión y saca de un cajón una bolsita con pastillas y cápsulas (potasio, diurético, anfetamina y vitamina) y me la da. Claro, con sus debidas instrucciones:

1. Hacer la dieta correctamente.

2. No tomar alcohol durante el tratamiento.

3. Tomar mucha agua.

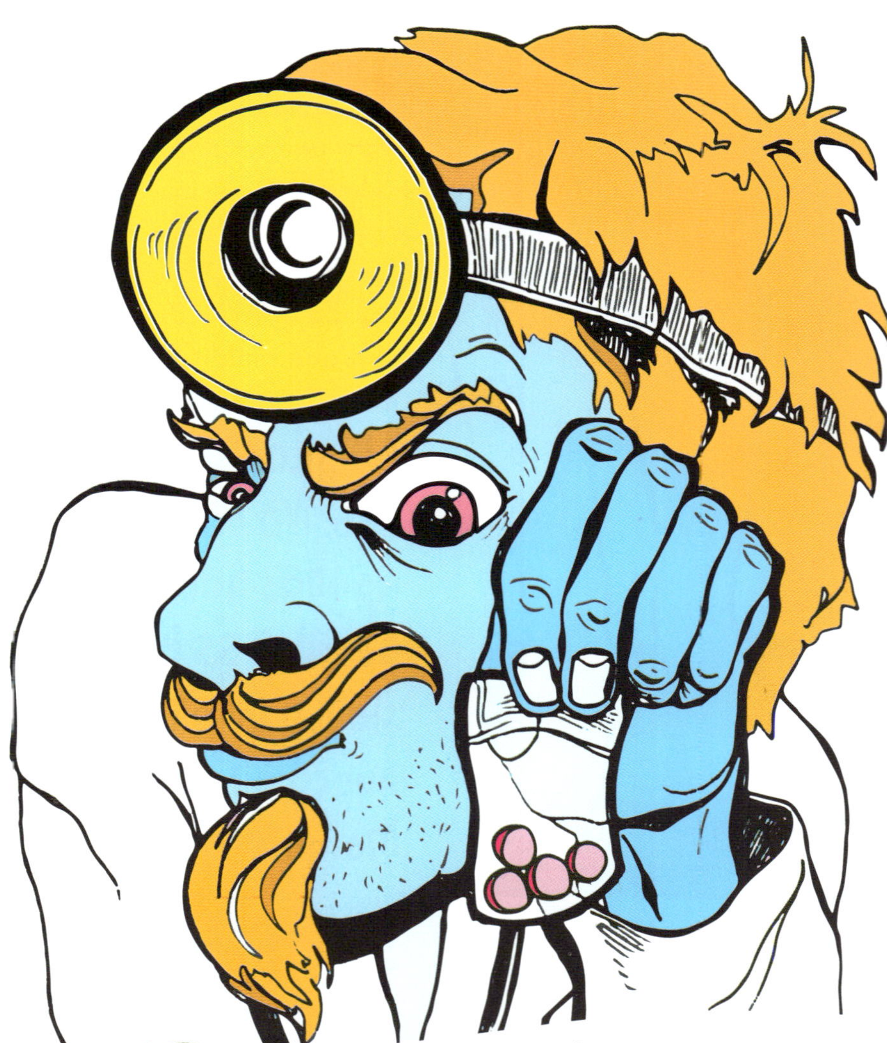

Ya afuera del consultorio, mi madre y yo concluimos que efectivamente la capsulita de color blanco con rosa y chochitos adentro podría ser anfetamina. Tenemos cierta idea de lo que es y cómo funciona, pero de los efectos secundarios nunca hablamos. Finalmente es un medicamento recetado, digamos "oficial". Muy aplicada empiezo mi dieta al pie de letra, obviamente comienzo a bajar de peso, los pantalones me cierran y sobre todo mi autoestima sube (aparentemente). Yo me siento muy bien con este descubrimiento maravilloso generador de autoestima. Sin embargo en el momento en que acabo el tratamiento, vuelvo a subir de peso, bajo 6 kilos en un mes y los subo en dos semanas. Mi tristeza se hace mucho más profunda, pero mi actuación de "no pasa nada" se perfecciona. Pienso que me voy a quedar gorda para toda la vida, cada que me voy a dormir deseo con todas mis fuerzas amanecer flaca (como si fuera cuestión de magia), qué frustración cuando abro los ojos, me levanto al espejo y veo de nuevo a la gorda espantosa que siente que nadie la quiere.

Mi papá insiste en que haga ejercicio, que sólo eso me va hacer bajar esas caderas, y tiene razón, pero yo ya no veo cómo, ni me interesa, estoy envuelta en una gran apatía que no me deja hacer nada, me revuelco en mi propia miseria, como chocolates hasta hartarme o puedo comerme un pizza grande sin ayuda de nadie y eso me genera una culpa espantosa, voy al baño a meterme el dedo hasta la garganta para vomitar, y ODIO vomitar, pero no me puedo quedar con esa inmensa cantidad de calorías que tan compulsivamente me acabo de meter al cuerpo. Mientras más lucho conmigo misma para no comer, más ganas me dan de hacerlo y no puedo parar. La ansiedad crece a la par de mi trasero.

Hay sólo una cosa buena en todo este caos, que ya en quinto de prepa decido que sí me gusta estudiar, me convenzo solita de que estudiar es necesario para entrar a una buena universidad, como arte de magia la relación con mis papás empieza a mejorar, de alguna manera me reconcilio con ellos, y vengan los

Inhalables

Grupo diverso de productos químicos que se caracterizan por ser gases o líquidos volátiles altamente liposolubles, lo que les permite una gran absorción por vía pulmonar y el paso a través de la de la barrera hematoencefálica. Los podemos encontrar en muchos productos comerciales como pegamentos, disolventes de pintura, sprays, aerosoles, gas de encendedor, gas comprimido, entre otros.

EFECTOS

Inicialmente produce excitación acompañada de euforia e hilaridad, en ocasiones alucinaciones auditivas o visuales, trastornos de la conducta e hiperactividad motora, alteraciones en el apetito.

CONSECUENCIAS A MEDIANO Y LARGO PLAZO

- Vómito.
- Irritación en las vías respiratorias.
- Disfunción multifocal.
- Insomnio.
- Anorexia.
- Alteraciones en el lenguaje.
- Ceguera.
- Sordera.
- Muerte súbita debida a una disminución en el disparo del marcapaso del corazón.

TOLERANCIA Y DEPENDENCIA

Provocan marcada dependencia psíquica y una gran tolerancia.

Anfetaminas

EFECTOS INMEDIATOS

- Sensación de energía y menor fatiga.
- Disminución del apetito.
- Dilatación de las pupilas.
- Aumenta tensión muscular.
- Euforia.
- Aumento de la atención.
- Aceleración del pensamiento.
- Verborrea (se habla mucho y rápido).
- Aumento de confianza en uno mismo, desinhibición conductual.
- Disminución del juicio, sensación de superioridad.
- Irritabilidad.
- Angustia.
- Distorsiones del pensamiento, ilusiones de movimiento.

EFECTOS A LARGO PLAZO

El uso prolongado de esta sustancia produce una serie de graves complicaciones tanto psicológicas como físicas, como estas:

- Desnutrición.
- Tolerancia (es necesario aumentar la dosis para obtener los efectos iniciales).
- Dependencia.
- Agresividad.
- Miedo.
- Angustia.
- Insomnio.
- Paranoia.
- Alucinaciones (visuales, táctiles y auditivas).

TOLERANCIA Y DEPENDENCIA

Existe tolerancia a los efectos centrales como la euforia, la anorexia, la hipertermia, lo cual lleva al consumidor a la administración repetida del fármaco para mantener una continua estimulación del sistema nervioso central.

La dependencia parece deberse al efecto desagradable que se produce al suspender el uso y a la memoria de la euforia que lleva al consumidor a repetir el uso.

permisos y las salidas. Por un momento creo que las cosas mejoran por todos lados, lo único que tenía que hacer era estudiar según parece, aunque sigo gorda pero ya un poco resignada a la idea de que tengo tendencia a engordar y que la vida sedentaria es lo mío. De cualquier modo sigo haciendo la lucha por enflacar tomando más anfetaminas, por supuesto con una negación galopante ante los demás de que ya se me está haciendo costumbre salir corriendo con el doctorsucho para que me "recete" mi droguita. Sigo vomitando de vez en cuando, aunque bromeo con mis amigas diciéndoles que soy una vergüenza para las bulímicas porque me choca vomitar. TODO ES UNA BROMA PARA MÍ, cuando no puedo ni verme al espejo, cuando siento una angustia espantosa después de atragantarme una pizza grande yo solita sin que nadie me vea, y después abrazar el escusado llorando sin entender qué chingada madre me pasa.

Lo peor es escuchar el clásico comentario por debajo del agua de "te veo repuestita" cuando en realidad lo que quiere decir es: "estás hecha una marrana, ¿qué te pasó?", o la clásica "fíjate que me dieron una dieta buenísima, ¿por qué no la pruebas?"

Algunos factores de riesgo de trastornos de la conducta alimentaria en la adolescencia

Algunas cosas a considerar en el desarrollo del trastorno de la conducta alimentaria es la acción de las hormonas esteroideas que influyen mucho en la ansiedad y en la alteración del comportamiento. Además son las responsables de que las mujeres acumulemos un poco más de grasa en el cuerpo. Esto provoca que se den cambios físicos notables que no coinciden con lo que queremos ser. Como no coincide la realidad con la idealización que nos formamos, nos provocamos estados de ansiedad muy innecesarios que desembocan en trastornos de la conducta alimentaria como la anorexia y la bulimia.

¿Qué hacer para contrarrestarlo?

No te angusties por querer ser demasiado flaco, los cuerpos que ves en la tele y en las fotos casi siempre están retocados y llenos de filtros, precisamente para crear una ilusión de perfección (la perfección no existe y además parece aburrida).

No escuches la voz de la ansiedad que te haga atracarte de comida para después vomitar o laxarte, hacerlo te puede llevar a estados mentales que no te van a dejar parar.

Cuando sientas mucha ansiedad cambia tu pensamiento, sal a caminar, toma mucha agua o llámale a alguien. Hablarlo con alguien más no solo te ayuda a ti sino también a la otra persona. ¡Pide ayuda!

Encuentra un deporte que te guste y si puedes hacerlo en compañia mejor, te ayudará muchísimo a bajar la ansiedad.

Mi hermano tiene fama de ser un cuerazo y sí lo es la verdad, lo cual me hace sentir peor, lo bueno es que se cambió de prepa, ya por lo menos no nos comparan en la escuela. Pero llegamos a una comida familiar y todos dicen que Ricardo es guapísimo, y a mí me voltean a ver hasta con pena porque no sienten lo mismo cuando me ven a mí, y escucho "pero Regina también tiene lo suyo". Puta madre, cómo me enoja, no necesito que digan nada, su actitud es lo que a mí me hace sentir mierda y no solo eso sino me da pena ajena, qué me importa que él sea como sea, o si yo tengo lo mío o no, esa falsa compasión hace que me resienta con el mundo entero. A mis papás les da por decir que Ricardo es el guapo y yo la inteligente, jajaja. Los dos tenemos lo que tenemos y punto, lo único que hacen es ponernos en contra y resentirnos el uno con el otro. Ya de por sí la relación es bastante mala entre los dos y sin miras a mejorar.

A mi hermano le enoja muchísimo que me emborrache y más en una fiesta con sus amigos, ya que mi comportamiento es bastante malo y la verdad sí lo he dejado en ridículo varias veces, se me "apaga la tele" y no sé ni lo que hago. Creo que es por las dietas que no metabolizo bien el alcohol y como me gusta mezclar unas bebidas con otras, pues me cruzo, por eso me pongo así. O ¿será que tomo demasiado? No sé si tomo mucho, pero sí sé que cuando empiezo no siempre puedo parar.

Ya antes había tenido episodios de ese tipo, no sé qué me pasa que de verdad se me apaga la tele y no vuelvo a saber de mí hasta un par de horas después. Y como siempre me justifico con algo; que si mezclo bebidas, que si la dieta, que si las anfetaminas, nunca quiero aceptar la verdadera razón y es que tomo muchísimo. A la primera oportunidad que tengo la aprovecho para ponerme hasta la madre, cada vez controlo menos mi manera de beber pero como dije antes, siempre hay un pretexto ideal para no querer ver mi realidad.

Mis papás se ven preocupados por esos episodios, sé que les causo problemas, además mi hermano me lo dice, pero como ahora sí saco buenas calificaciones, pues a mí me importa una sombrilla lo que me puedan decir, aunque sí es un hecho que me genera mucha culpa esta situación, pero la evado poniéndome más borracha, y poco a poco voy aislándome más de ellos para no enterarme de lo que les pasa.

Es el cumpleaños de una de mis amigas de la escuela, cada año se festeja en el mismo restaurant con una gran borrachera, y este cumpleaños no es la excepción. Estamos todos los amigos sentados en la mesa tomando tequila.

Hoy por fin acabé la dieta de los trece días, que consiste en comer pura zanahoria y huevo cocido, nada de grasa ni carbohidratos, parece que sí bajé un par de kilitos y es hora de festejar.

Mis amigas piden una botella de tequila, misma que me dan a guardar para no darles a los hombres, así que yo controlo los tragos y por supuesto que me sirvo cuando yo quiero. Me tomo uno, dos, tres, cuatro tequilas, un muppet, dos, un par de cervezas y creo que por lo rápido que estoy tomando no siento que se me sube a la cabeza. Una de mis amigas me dice que se siente mal, la tomo del brazo y la acompaño al baño, quiere vomitar, así que la pongo contra el excusado y le aprieto la panza para ayudarla. Yo me siento súper bien, y me jacto muerta de risa de que he tomado muchísimo y no se me ha subido nada.

Regresamos a la mesa y me encuentro con una botella de mezcal casi nueva, me sirvo uno y pido una cerveza para bajármelo, nos acabamos la botella entre varios, ya me siento muy mareada con ganas de volver el estómago.

Me jalo a una de mis amigas para que me acompañe al baño.

Abro los ojos y veo una máscara de oxígeno sobre mi cara, pfffff ¿dónde chingados estoy? No encuentro respuesta en mi cabeza, reconozco las caras de mis amigos, me quito la máscara para poder hablar, "¿dónde estoy?", pregunto con miedo a la respuesta, pero nadie entiende por qué estoy preguntando eso.

Seguimos en el restaurant, parece que me desmayé en el baño y la gente del lugar me subió a una salita donde me pusieron oxígeno para ver si reaccionaba. Yo en lo único que pienso es en que no se les vaya a ocurrir llamar a mis papás.

Me incorporo como mejor puedo, dos amigos me levantan y me llevan al coche de uno de ellos, ya en el coche me dan unas ganas incontenibles de vomitar, apenas alcanzo a abrir la puerta del coche y ZAAAAAZZZZZ, que vomito ahí mismo.

Quiero pedirle perdón a mi cuate pero la verdad es que no puedo ni hablar, sólo escucho las voces de mis amigas que están decidiendo qué hacer conmigo. Total, deciden llevarme a casa de Verónica, donde me meten a bañar con agua helada, pero yo no siento nada. Mi ropa está cubierta de vómito, así que Verónica me presta unos jeans y una blusa para que me pueda ir a mi casa.

Todo es muy confuso, no puedo pensar, mucho menos decidir si quiero ir a mi casa, pero igual ya es hora de regresar, con eso de que tengo los permisos restringidos por mi "maravillosa" conducta.

Me llevan a mi casa, tengo los ojos entreabiertos, no puedo ver bien, mi mente es una nube espesa donde no hay visibilidad de juicio ni de nada. Entro cargando mi ropa mojada en una bolsa de plástico, y es evidente que algo pasó, pero afortunadamente no hay nadie en la casa, así que me dirijo a mi cuarto para ponerme la pijama y acostarme, según yo para que nadie se dé cuenta y me encuentren dormida cuando lleguen.

Siento un madrazo en la cara, abro los ojos y veo a mi mamá gritando no sé qué cosas, la verdad no logro comprender lo que dice, me jala del brazo y lo único que alcanzo a escuchar es que le vaya a pedir perdón a mi papá. ¿Perdón? Uf, que trabajo me cuesta articular una palabra, siento que no me puedo ni sostener en pie, mi mamá me pone a lavar mi ropa vomitada, está enojadísima y con toda razón. Regreso a mi cuarto ya más lúcida, y me encuentro a mi hermano que me cuenta lo que acaba de pasar:

Al escuchar el relato de mi hermano siento que se me va el aire, como una baja de presión horrible, EL SUSTO, qué va a ser.

A la mañana siguiente me levanto y ya me estaba esperando un regañadón espantoso, amenazas, gritos, llanto. La única excusa que puedo dar es que no tenía consumo de grasa en el cuerpo y tomé dos tequilas y dos cervezas, mezclé, por eso me puse así.

Para mi mamá, por supuesto que no existe excusa que valga y mucho menos me cree la estúpida mentira que acabo de decir.

Castigada otra vez.

No me gusta estar dentro del plano real, mi fuga es experimentar, además algo me dice que me voy a morir joven y quiero vivir y saber qué se sienten muchas cosas antes de morir. No sé por qué me entra eso de que me voy a morir joven, será por esa desolación tan profunda que siento. Puedo estar con un grupo enorme de personas y aún así sentir que estoy completamente sola. Siempre me he sentido así, desde chica siento que no pertenezco a nada ni a nadie, que sólo me tengo a mí en la vida y creo que con la edad o con la adolescencia ese sentimiento se ha acrecentado muchísimo, y mientras más gente conozco, más sola estoy dentro de mí. Quizá no es que piense que me vaya a morir pronto, sino que en realidad eso es lo que quiero, no lo sé, pero la idea me ronda seguido por la cabeza. En las noches que no puedo conciliar el sueño (son casi siempre) me pongo a fantasear con mi velorio, en donde mi familia, mis amigos, hasta gente que ni conozco, están llorando por mí. Eso me hace sentir bien, creo que es la única manera en donde puedo ver que la gente me quiere, pero a la vez me da coraje porque ya estoy muerta y no lo puedo sentir. Aunque si soy sincera, no me importa si la gente me aprecia, yo solo quiero ser el centro de atención a como dé lugar.

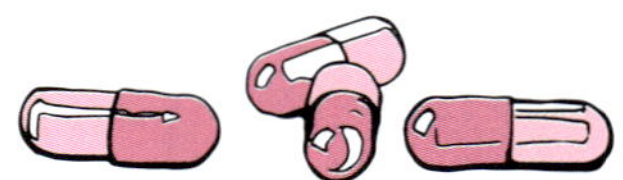

CAPÍTULO 4

A ver QUÉ se SIENTE

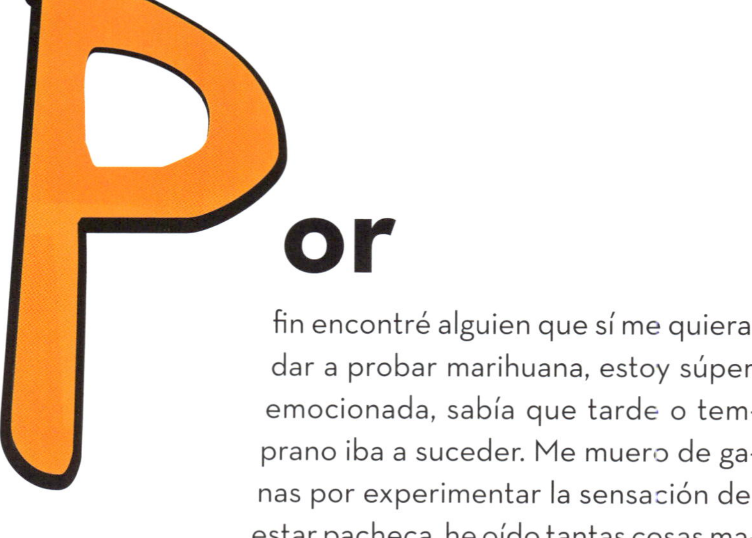

Por

fin encontré alguien que sí me quiera dar a probar marihuana, estoy súper emocionada, sabía que tarde o temprano iba a suceder. Me muero de ganas por experimentar la sensación de estar pacheca, he oído tantas cosas maravillosas que no puedo creer que ahora sí la voy a probar.

Cuando llegan mis amigas y están platicando frente a mí, yo no puedo parar de reír, parece que no se me nota, al menos nadie me ha dicho nada, pero han de pensar que estoy loca de tanta risa. De acuerdo, vámonos al cine. Y ahí vamos todas a ver una película que trata de una señora que es alcohólica. Qué irónica es la vida algunas veces.

De ser sincera, no me gustó tanto la mota, no me gusta sentir que no me controlo, y la paranoia me pone muy mal, pero poco a poco voy a ir agarrándole el gusto.

Vamos mi amiga Jimena y yo a comprarla, ella es un poco más chica que yo, pero en cuanto nos conocimos hicimos un click increíble, compartimos las mismas inquietudes artísticas e ideológicas, nos volvemos mejores amigas de inmediato.

Jimena ya ha fumado mota antes, ya sabe dónde se consigue y todo, y ahí vamos, para mí es toda una aventura. Llegamos a la casa del dealer, sale, Jimena se baja del coche, lo saluda y le dice algo, no alcanzo a escuchar qué. Después de esperarlo una media hora, regresa con un cilindro de periódico y se lo da a Jimena.

—Vamos a mi casa —le digo. Lo que nos vendió es una velita, así se llama, que alcanza como para cinco churros, depende. Ya en mi casa me enseña cómo hacer un churro (cigarro) de mota y nos salimos a la calle en el coche a fumárnosla. La verdad me da miedo que nos vayan a cachar en mi casa. Nos vamos a unas cuantas calles de mi casa, prende el

churro y me lo pasa, le doy una fumada y no siento absolutamente nada, le doy otra y tampoco nada. Ella sí está puesta, pero yo no. Regresamos a mi casa, nos habíamos quedado de ver ahí con unas amigas para ir al cine.

Total, ya en mi casa nos vamos a mi cuarto, enciendo un incienso para que no huela a lo otro y prendo el churro otra vez, ahora sí me quedo con el humo adentro, no lo saco luego luego como antes, por eso no me pegaba.

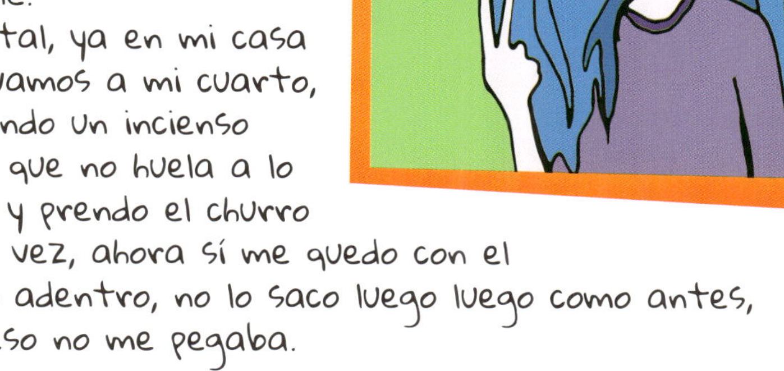

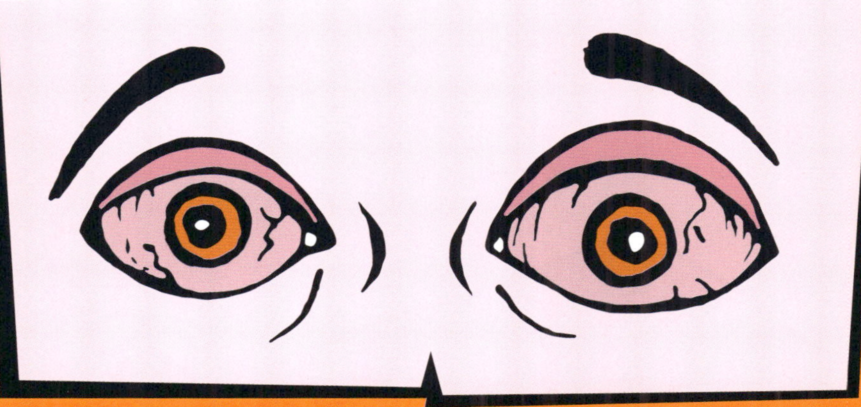

Pero ahora sí que me pegó, uf, siento que floto, mis movimientos son lentísimos y mi mente está como nublada, pero al mismo tiempo surge en mí una horrible preocupación porque se me vaya a notar, **PARANOIA**, no sé si me siento bien o mal.

Quiero que me guste, experimentar cosas. La vida para mí se basa en tener experiencias diferentes, en el "a ver qué se siente", en tener siempre algo interesante que contar a la gente, si no qué chiste vivir. Una amiga me dijo un día: "la mota es la antesala a otras drogas". Yo nada más le di por su lado muy convencida de que soy prácticamente invencible y de que a mí no me pasa nada que no quiera que me pase. Fumo marihuana para dormir, por fin encuentro algo que me calme la ansiedad en las noches, seguro que si la uso nada más para eso no se me va a hacer el vicio.

Al poco, empiezo a fumar mota casi todos los días, en mi casa, en las vías del tren cerca de la escuela antes de entrar a clases, en la calle, cada vez me encuentro un lugar y manera diferente para fumar. Me encanta darme unos toques cuando ya está oscureciendo, ponerme unos lentes de mica roja, agarrar el coche y salir por algo de comer. Con esos lentes todo se ve más oscuro y rojo, las luces de los coches y de los semáforos se ven muy chiquitas y como que se mueven, es como estar dentro de un videojuego, muy divertido y peligroso, me gusta. La adrenalina también me pone y no tengo nada que perder.

Lo malo es que la mota me da mucho sueño y pocas ganas de hacer nada, me tengo que despertar con algo, y encuentro en la cafeína una buena manera para mantenerme despierta y poder estudiar. Me faltan unos meses para terminar la prepa y los trabajos y exámenes vienen pesados. A mí no me gusta estudiar en el día, así que en la noche me preparo un litro de café bien cargado y me

duermo a las cuatro o cinco de la madrugada. Me despierto a las seis y media, me baño y me voy a la escuela. A las ocho de la mañana me salgo del salón para comprarme una dietcoke y despertar del desvelón y otra vez comienza lo mismo un día tras otro. Mota, café, dietcoke. Un día descubro los Tonopanes. A mi novio le dan migrañas y los tiene que tomar. Son pastillas con harta cafeína, me tomo dos o tres con una dietcoke para darme un levantón cuando de veras ando con mucho sueño.

Todos los viernes mis amigas y yo vamos a comer, más bien a emborracharnos a un lugar de mucha moda, pedimos una botella de ron, a veces dos, depende cuántas somos, siempre son unos cuentones de miedo. Descubro que me sale mucho más barato fumarme un churro antes de llegar al lugar y estar pacheca, al fin y al cabo ya saben que fumo así que no importa si se dan cuenta. Me funciona al principio, pero cuando se me pasa el efecto de la mota ya no me divierto y me da sueño, entonces me tomo unas cubitas para que siga la diversión. Cuando me doy cuenta ya me fumé el churro y llevo siete u ocho cubas y ya estoy hasta la madre. Parece que mientras más tomo más aguanto, mis amigas dicen que bebo como hombre, y está padre porque el chiste es ver quién se cae primero. Lo que sí sé es que si no me fumara ese churrito antes del evento bebería el doble y la verdad no hay cartera que aguante. Además, me encanta reírme de todo y no entender nada de lo que la gente habla. Me parece muy chistoso estar con gente que no está pacheca mientras nadie tire mala onda, porque de lo contrario me entra la paranoia y ya se amoló el asunto.

Acabo la prepa, mis papás por fin me dejan estudiar actuación, estoy que no me la creo, además antes de salir de la escuela pasé a visitar a un nuevo doctorcito de la dieta, y éste me funcionó mejor, peso 58 kilos, bajé siete kilos en un mes y medio.

¡58 kilos!
−7 kilos en un mes y medio

La Marihuana

Proviene de las hojas secas de una planta de nombre botánico cáñamo sativo (*cannabis sativa*). Los efectos de la droga dependen de la cantidad consumida y la tolerancia del consumidor.

La marihuana, al consumirla, produce los siguientes efectos:

EFECTOS FÍSICOS

Dilatación pupilar, los ojos se ponen rojos, aumento en el pulso, lagrimación de los ojos, resecamiento de la boca y aumento de apetito.

EFECTOS PSICOMOTORES

Disminución de la coordinación muscular, aumenta el riesgo de accidentes (como peatón o conductor).

EFECTOS PSICOLÓGICOS

Deterioro de la memoria, disminución de la atención y concentración, alteración en el funcionamiento del pensamiento, se distorsiona la percepción de los sonidos y colores, se produce sueño y relajación, risa, paranoia y **síndrome amotivacional.**

TOLERANCIA Y DEPENDENCIA

Existe una fuerte dependencia psicológica y física, la suspensión del consumo produce ansiedad, temblores, sudoración profusa e irritabilidad, entre otros.

El **Síndrome Amotivacional** se caracteriza por:

- Apatía • Desinterés • Lentitud • Indiferencia
- Deterioro de la memoria, atención y concentración
- Pensamiento confuso • Falta de energía
- Sensación depresiva constante

La verdad me dio un poco de confianza en mí misma, no puedo decir que me he vuelto la Señorita Seguridad, pero es justo la que necesito para entrar ahora sí a actuar profesionalmente. Me siento renovada, he dejado de fumar tanta mota, al menos ya no lo hago diario, sólo los fines de semana y no todos, como que me di cuenta de que me reía de puras tonterías todo el tiempo, y la idea de quedarme idiota no me es para nada atractiva. En cuanto al alcohol, también le bajé a la cantidad y la cafeína sí me la quité, ya no necesito quedarme despierta toda la noche, además de por sí sufro de insomnio desde chiquita.

Estoy muy entusiasmada por mi nueva escuela. Creo que es exactamente lo que necesitaba, estar ocupada en lo que me apasiona más que nada en el mundo.

En la escuela conozco a Javier, un chavo guapísimo del cual me enamoro perdidamente, siento que la vida me está recompensando, pero ¿de qué?, quizá ahora mi vida esté tomando un rumbo distinto, un camino lleno de colores, eso es, mi vida cambió de blanco y negro a una pantalla a todo color, como en el cine. Ese vacío infinito dentro de mí comienza a desaparecer, o a llenarse más bien con la ilusión de la escuela y el novio perfectos.

Lo de haber dejado el alcohol es cierto, pero cuando tomo, tomo en serio, según yo pensé que el dejar de tomar por un tiempo me iba a ayudar a controlarlo pero la verdad es que no. Se me sigue yendo la onda, lo cual me confunde, por ahí escuché que puede ser alergia al alcohol, pero yo creo que es porque hay veces que no como bien y la cantidad muchas veces es excesiva, además como que no entiendo eso de la alergia, ¿cómo carajos voy a ser alérgica al alcohol? No me voy a privar de algo que me gusta mucho por una simple suposición, y la verdad no me da la gana averiguar si es cierto o no. Además yo soy súper sana, nunca me enfermo y las alergias ni las conozco.

Cecil, mi mejor amiga me invita a Acapulco a celebrar su cumpleaños al departamento de otra amiga, nos vamos las tres muy felices. El propósito del viaje, más que celebrar un cumpleaños, es ponernos hasta la madre y bebernos todo Acapulco si se puede. Llevamos todas las provisiones que podamos necesitar, vodka, tequila, ron, una botella de champagne, refrescos, cereal, leche, tortillas y queso, y cámara de video, indispensable. "Leaving Acapulco", hacemos alusión a la película "Leaving Las Vegas" donde el actor se va a Las Vegas a tomar y pasar sus últimos días. Nosotras no pensamos morirnos pero sí ahogarnos en alcohol, así nomás, sin ninguna razón aparente.

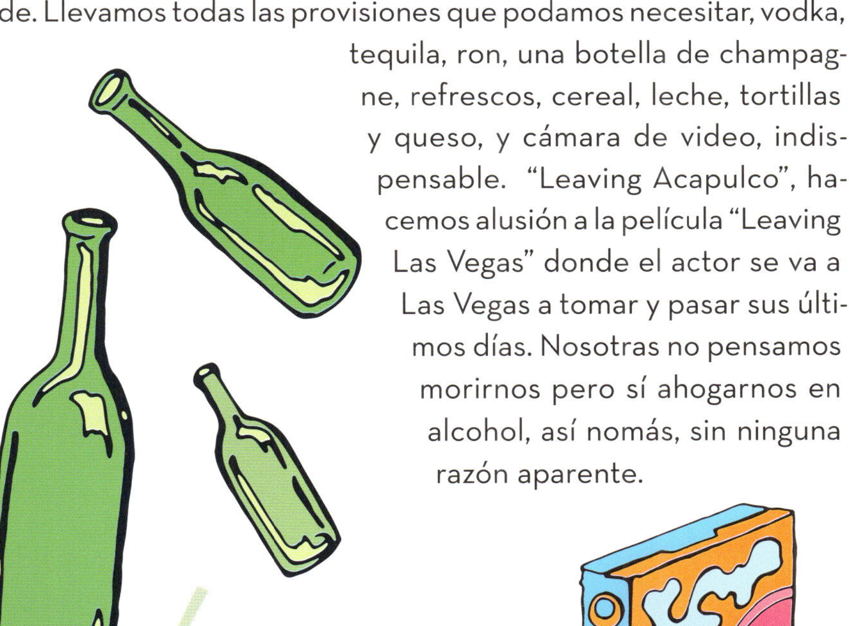

Una tarde medio crudas en pijama, después de dos noches de beber sin parar, decido hacer un concurso de cartas en la terraza, quien saque la carta mencionada se toma un caballito de tequila, pero de entrada las tres nos echamos uno, parece que no les cayó muy bien y ya no quieren jugar. Yo me le quedo viendo a la botella y me hago la pregunta: "¿podré tomármela yo solita?". Faltan todavía unas cinco horas para salir al antro, además tiempo es lo que sobra en Acapulco de todas maneras. Vale la pena hacer la lucha, total, lo peor que puede pasar es que me emborrache. La botella está casi llena, me sirvo un caballito y va pa dentro, cae bien, otro y otro y otro, cuatro al hilo y yo perfecta. Cuando me doy cuenta ya llevo media botella y es de noche, Cecil se levanta para irse a bañar, después Brenda, me quedo sola y aburrida en la terraza,

así que me meto al baño con ellas para platicar y seguir tomando. Ya se me quitaron las ganas de salir, prefiero quedarme en el departamento a ver si me acabo la botella. Ya dejé el caballito quien sabe dónde, y me tomo el tequila del pico de la botella, igualito que Pedro Infante, como carajos no. Mis amigas ya se fueron, no me querían dejar, pero les prometí que estaría despierta cuando ellas llegaran. Me quedé sola. Me siento muy, pero muy borracha, tres cuartos de litro de tequila no es para menos, y ¿qué quiero demostrar con esto?, pues qué tan idiota soy, yo creo... porque ya

nadie ve si me la estoy tomando o no, nadie me está diciendo que qué gruesa estoy
por mantenerme de pie con tanto tequila encima. Me voy acostar, son las doce de la noche y quién
sabe a qué hora vayan a regresar, pero no tengo sueño,
al contrario: me siento en la montaña rusa, pero siento unas
vibras muy raras en el departamento y sólo metida en la cama
me siento segura, cuando era chica y me daba miedo eso hacía, como si las sábanas me fueran a proteger de la muerte. Cie-
rro los ojos, pero escucho voces afuera del cuarto, o ¿están en mi cabeza? No sé y no quiero ni averiguar-
lo, estoy aterrada y no pienso moverme de aquí.
Siento que hay alguien en la sala, ¿serán ellas?
O ¿es un sueño? No entiendo nada.

Hay un ventilador prendido enfrente de
la cama, el ruido del aire confunde más mi
cabeza, me incorporo y con mucho miedo
pregunto si hay alguien allá afuera, nadie contesta. Estoy sola. ¿Qué puedo hacer? Igual todo
está en mi cabeza, pero es tan real, los ruidos, la sensación de que hay alguien más, y no nada más eso sino que viene por mí para llevarme al meritito infierno.

Me quedo hecha bolita en la cama, tapada hasta la cabeza para protegerme. Trato de pensar en cosas bonitas pero no puedo, estoy alucinantemente aterrada.

¡¡¡Ya quiero que lleguen mis amigas!!!

Son las seis de la mañana, otra vez escucho voces, ahora sí son ellas con unos amigos, y yo siento que me muero del dolor de cabeza, salgo del cuarto, hoy ya es el cumpleaños de Cecil y tenemos que festejar. Descorchamos la botella de champaña, le doy un traguito nada más y me voy a dormir, me siento fatal, pero por lo menos ya se me quitó el miedo.

CAPÍTULO 5

No le vayas a soplar

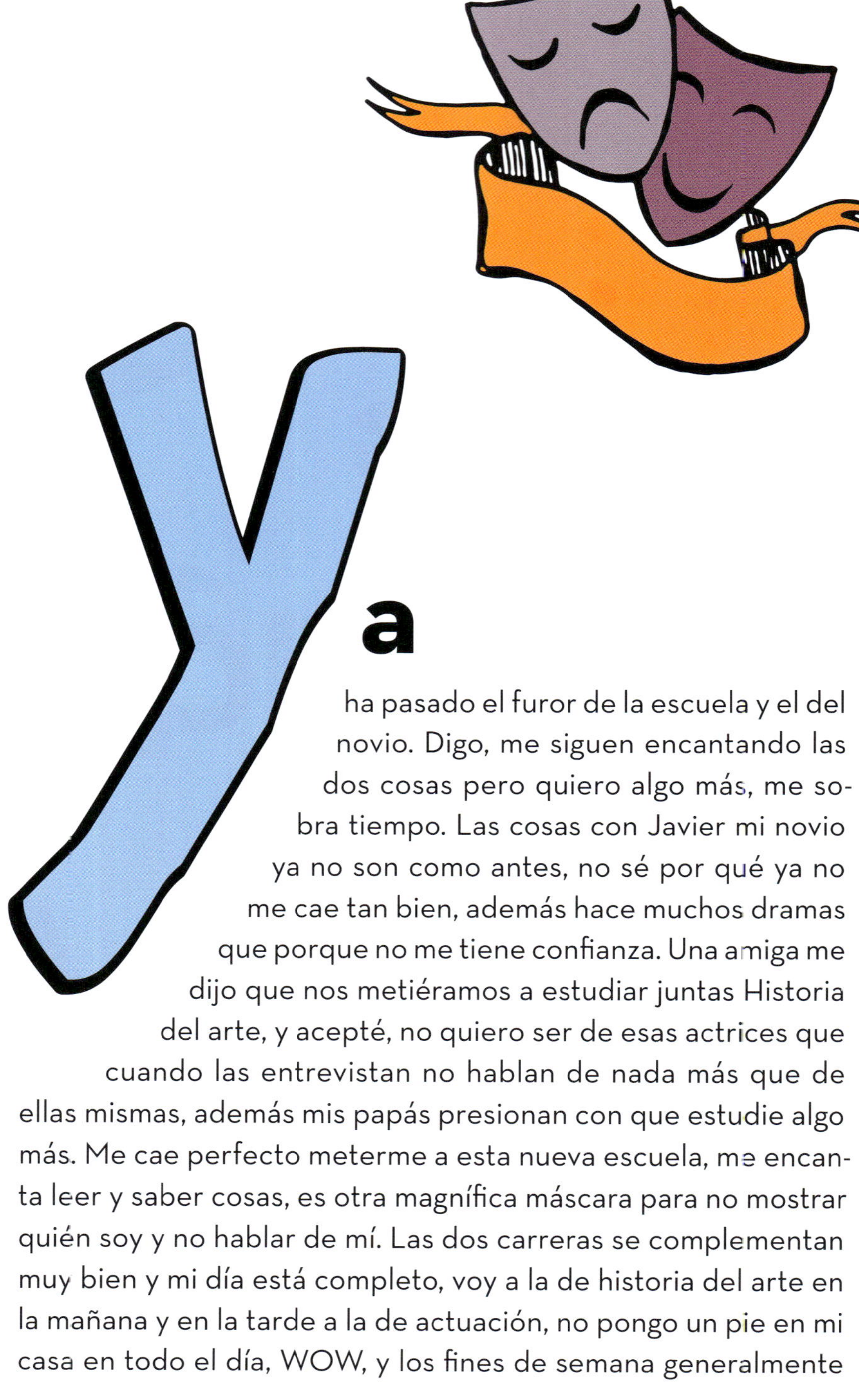

Ya

ha pasado el furor de la escuela y el del novio. Digo, me siguen encantando las dos cosas pero quiero algo más, me sobra tiempo. Las cosas con Javier mi novio ya no son como antes, no sé por qué ya no me cae tan bien, además hace muchos dramas que porque no me tiene confianza. Una amiga me dijo que nos metiéramos a estudiar juntas Historia del arte, y acepté, no quiero ser de esas actrices que cuando las entrevistan no hablan de nada más que de ellas mismas, además mis papás presionan con que estudie algo más. Me cae perfecto meterme a esta nueva escuela, me encanta leer y saber cosas, es otra magnífica máscara para no mostrar quién soy y no hablar de mí. Las dos carreras se complementan muy bien y mi día está completo, voy a la de historia del arte en la mañana y en la tarde a la de actuación, no pongo un pie en mi casa en todo el día, WOW, y los fines de semana generalmente tengo que ensayar, así que tampoco voy a Valle, lo cual significa no ver a mis papás para nada, eso me gusta. Digamos que no hay cuestionamientos de nada. **Odio que Me cuestionen**, y como me empiezo a llevar mejor con mi hermano, pues ellos se quedan con la idea de que siempre ando con él en el reventón. Sí salimos juntos y tenemos muchos amigos en común, pero yo me hago camino por otro lado también. Puedo decir que vivo una doble vida, bueno, siempre ha sido así, lo que la gente ve y lo que no, sólo que ahora ya no nada más escondo emociones, sentimientos e inseguridades, ahora también escondo a mis nuevos amigos, lo que hago, a dónde voy, de dónde vengo, etc... Miento y miento por todo. Vivo la vida conocida y la escondida, lo cual me pone en conflicto constante conmigo misma: **Me fascina.**

Si no hay conflicto siento como que me falta algo, no conozco la paz, de hecho en esta vida escondida no existen los valores ni los convencionalismos, ni los remordimientos, ni los arrepentimientos, sólo el hecho de ser buena con la gente, o sea, con no ser ojete basta. Me gusta esta nueva yo que empieza a no sentir, bueno, no es que no sienta, sino más bien ya no me importa.

En una de mis parrandas conozco a Cristina en un antro de la colonia Juárez, ella vive en San Miguel de Allende pero vino a pasar el fin de semana. Nos encontramos en el baño del antro, las dos nos estamos escondiendo de unas tipas que andan muy necias queriendo pelear, qué coincidencia, ¿no? Nos caemos de maravilla al instante. Las dos estamos bastante borrachas, así que sin importar con quién íbamos respectivamente y sin avisarles, salimos del antro. Son las tres de la madrugada, agarramos un taxi, paramos en la tienda a comprar unas cervezas y nos vamos a mi casa, donde obviamente no hay nadie, a seguir poniéndonos hasta la madre. Tomar un taxi en esta ciudad, en la madrugada, y borracha, es jugar a la ruleta rusa, **i-gua-li-to**, en cualquier momento sale un hijo de la chingada y de menos te viola. Pero vale la pena arriesgarse con tal de acumular otra experiencia "intrépida" al currículum vitae, total una rayita más al tigre. Cristina me invita a San Miguel y, para ir, invento a mis papás que me voy a algo de la escuela. No me quiero quedar atrás. Además este viaje es para experimentar todo lo que se me presente. Así quiero vivir, como si me fuera a morir mañana, o al rato... Sólo el momento, sin importar las consecuencias, me siento tan vacía por dentro que con algo me tengo que sostener, de menos que tenga algo que contar a los amigos, estoy convencida de que por mí sola no valgo un pepino. Que valga por mi "experiencia", por lo menos.

Estamos en casa de Cristina como siete personas, yo estoy tan peda y tan pacheca que a duras penas me acuerdo de mi nombre, menos me voy a acordar del de los demás, yo lo único que hago es reírme todo el tiempo. Deciden ir a la "tiendita" a comprar cocaína. Nos subimos en el coche, es de noche y tengo los ojos a media asta así que no distingo el camino, pero parece que vamos en la carretera. Paramos junto a una casita blanca en medio de la nada, alcanzo a ver en la pared una ventanita donde se asoma alguien. Uy, creo que me quedé dormida, o se me apagó la

Cristina me invita a su ciudad un fin de semana, no sé si me vayan a dejar, así que invento que me voy con unas amigas de la escuela de actuación, por lo menos que mis papás se queden con la idea de que voy con gente conocida.

Llega el día de partir, me voy en metro a la central camionera, una vez que me subo al camión me tranquilizo, venía a todo lo que daba de adrenalina, pero muy contenta y dispuesta a todo.

A T-O-D-O.

San Miguel de Allende es divino, me recuerda a
mis vacaciones de Semana Santa cuando era
niña, íbamos toda la familia, mis tíos, mis
abuelos, amigos, todos juntos al mismo hotel, me
encantaba ir, hacían torneos de tenis, frontón,
de muchas cosas, siempre que me acuerdo de

San Miguel siento una ligera nostalgia
por esos tiempos. Regresar a San Miguel
el día de hoy me hace sentir niña otra
vez, sólo que ya estoy bastante lejos de
ser esa niñita que se divierte jugando a
las escondidillas.

Cristina pasa por mí a la central camionera y nos dirigimos a su casa. Ya instaladas en su casa, llega Manuel, un amigo de ella, buena onda el güey, muuuy platicador.

Se pone a armar el churro mientras le dice algo a Cristina como en clave que no entiendo muy bien, pero intuyo que hablan de cocaína, los veo medio indecisos a hablar del tema frente a mí, parece que me esconden algo, y bueno, al principio hago como que no escucho nada, pero después me decido a entrar al tema:

tele, porque ya hemos llegado a casa de Cristina otra vez, estoy sentada en una silla y no me acuerdo cómo llegamos. Veo que Demetrio el músico (ya me acordé) toma un sartén, abre un papel, echa el polvo blanco sobre el teflón y comienza a picar el polvo con una tarjeta, **como en las películas**. Nunca había visto la coca en persona, nada del otro mundo, la verdad, además estoy tan ida que no me causa mayor impresión. Me pasan el sartén con dos líneas y un billete enrollado a un lado de éstas.

"No le vayas a soplar", me dice alguien que no veo quién es, mis ojos no se apartan ni por un segundo del sartén. Tomo el billete, lo aprieto tantito e inhalo mi primera línea de cocaína, luego la otra por la otra fosa nasal. Como que no siento nada, ¿será que estoy tan hasta la madre que no me pega? Veo a los demás bailando y platicando, yo estoy sentada con la pierna cruzada sin hablar y sin poderme mover, sólo muevo un poco la pierna pero nada más. No siento nada, pero quiero más, sí quiero un poco más, pero después de que el sartén dio la vuelta entre todos se acabó, ni modo, me da un poco de pena decir que quiero más, no traigo mucho dinero y todavía me quedan dos días de viaje, en fin otro día será.

Que cruda estoy, tengo hambre, Cristina y yo salimos a comer unos tacos, pero primero en su casa nos fumamos un churrito entre las dos. Vamos caminando por el pueblo y nos encontramos con una amiga de ella, la saludamos y cuando se va yo me empiezo a sentir mal, como que se me baja la presión horrible. Me dice Cristina que esa chava, la que saludamos, es bien malvibrosa, nomás faltó que me dijera eso para que me empezara a malviajar, llegaron a mí sensaciones muy extrañas, siento que la chava esa me está jalando el alma, **horrible**, de pronto me asomo en el espejo de un coche y me veo muy pálida, mi cara está color verde, no sé qué me pasa, nunca había sentido una baja de presión tan espantosa. Me siento en la banqueta a tomar un refresco a ver si así me aliviano. Me regresa el color poco a poco, ya me estoy sintiendo un poco mejor, casi no he comido, puras papas, cerveza y marihuana, seguro por eso me sentí mal. Siempre hay un buen pretexto para no ver la realidad, la verdad es que quiero ver hasta dónde aguanta mi cuerpo, sé que soy fuerte pero quiero ver qué tanto. Así que las malpasadas continúan todo el viaje hasta mi regreso.

Regreso a mi vida normal, escuela en la mañana, escuela en la tarde, y de alguna manera eso me mantiene ocupada para no estarme dando en la madre todo el tiempo, sin embargo ya me hace falta echarme otra experiencia interesante. La coca no me gustó, bueno, no es que no me haya gustado pero no sentí mayor cosa. La mota me da sueño, entonces mejor me quedo con el vodka nomás, o con el ron, o con la chela, bueno, con el chupe en general, pero ya sé que no debo mezclar el tequila con el

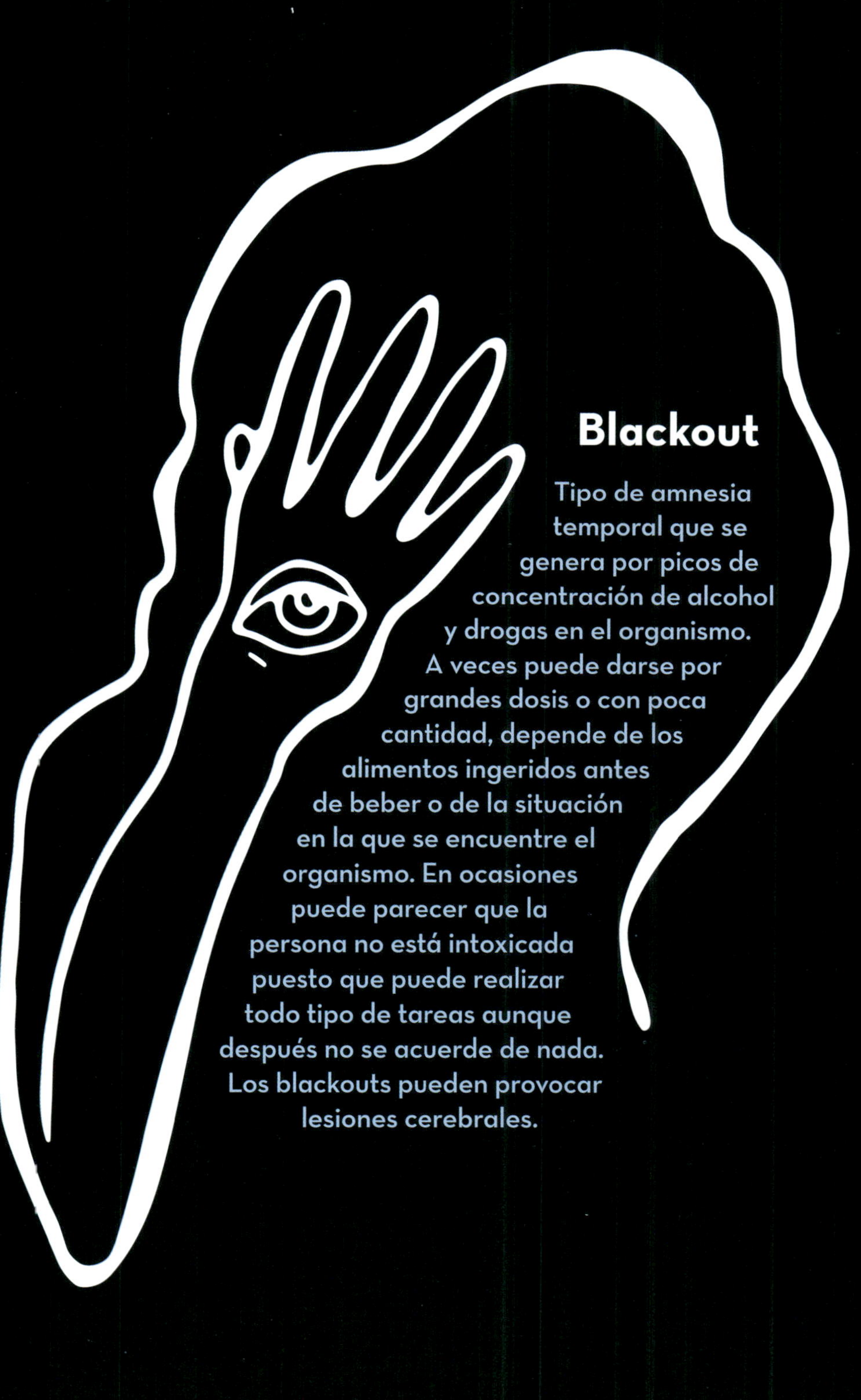

Blackout

Tipo de amnesia temporal que se genera por picos de concentración de alcohol y drogas en el organismo. A veces puede darse por grandes dosis o con poca cantidad, depende de los alimentos ingeridos antes de beber o de la situación en la que se encuentre el organismo. En ocasiones puede parecer que la persona no está intoxicada puesto que puede realizar todo tipo de tareas aunque después no se acuerde de nada. Los blackouts pueden provocar lesiones cerebrales.

Hoy mi hermano y yo cumplimos veinte años. Organizamos una gran comida en una cantina, juntamos a todos nuestros amigos de todos lados, también está Javier mi novio. Estoy feliz, desde que

cumplí quince años no hacía una fiesta tan grande y divertida, pero lo único que puedo pensar es qué tan borracha me puedo poner el día de hoy.

1
2
3

Total un "hidalgo" por aquí, un "hidalgo" por allá, me siento como en una boda, brindando con todos, pero no le hago mucho caso a Javier por estar con mis amigos y sé que eventualmente me la va a hacer de tos como siempre.

Javier está enojado. Ya se quiere ir y no sé por qué. Le pregunto a mi amiga Nuria, ella se me queda viendo sorprendida sin entender por qué le estoy preguntando, como si fuera obvia la razón por la cual Javier está enojado. No entiendo nada.

¿QUÉ PASÓ?

NO ME ACUERDO DE NADA, y pasó hace media hora según Nuria. Es más, no creo lo que estoy oyendo, más bien pienso que es una broma y hasta llego con Javier muerta de risa, pero no veo que él se esté riendo mucho. ¿Será verdad? Pero ¿cómo? ¿por qué? ¿de dónde me salieron esos gritos?

Nuria me dice que le grité horrible a mi novio, ahí enfrente de todo mundo, que le dije que se largara si quería, que me valía madres, que era un pendejo, todo esto enojadísima como si se me hubiera salido el chamuco.

Estoy muy confundida, y ahora sí creo que Javier me manda a freír espárragos y con toda la razón, qué pena, QUÉ CONFUSIÓN EN MI CABEZA. Esta vez no fue como las otras, que sí hacía tonterías pero nunca había sido agresiva y loca, según yo. ¿Qué habrá pasado esta vez? Además creo que fue sólo un momento, algo me hizo corto circuito en la cabeza, pero me voy a tomar otra cubita a ver si se me pasa el susto.

Javier ya se fue.

Mañana hablo con él para que se contente, a ver si quiere, y si no, mal para él, ya me tiene harta con tanto drama que arma, hoy es mi cumpleaños y puedo hacer lo que me dé la gana. Además si sí es cierto todo lo que le dije, pues algo en mi inconsciente traigo que me salió con la borrachera, a lo mejor ya no lo quiero y no me quiero dar cuenta. O quizá estoy más loca de lo que parece. En verdad no tengo idea qué pudo haberse cruzado en mi cabeza pero no quisiera que me volviera a pasar.

vodka porque empiezo a esquiar en tremendas lagunas mentales y a hacer tales pendejadas que al día siguiente no me aguanto de la cruda moral. Es espantoso despertar sin saber qué hice la noche anterior, me aterra abrir los ojos y tener que hablarle a alguien para que me cuente lo que pasó y lo que hice. Esa incertidumbre me mata, y cada vez que me pasa me quiero largar del planeta para que nadie me vea.

Quiero
ser
como la de la
revista

CAPÍTULO 6

Hace

unos meses me metí al gimnasio después de muchos años de no mover un dedo, y sí me está funcionando, quizá no estoy bajando los kilos que quisiera, pero sí me está motivando, finalmente ya entendí que mi gordura es por falta de ejercicio y de motivación en la vida. Había empezado a ir para ponerme buenísima y tomarme unas fotos, las necesito para empezar a trabajar como actriz. Me consiguieron una cita con una persona muy importante de una televisora y quiero aprovecharla al máximo. Eso es lo que yo quiero con todas mis fuerzas, trabajar como actriz, ser famosa y tener mucho dinero. Mi mamá dice que ya se quiere comprar el vestido para acompañarme a los Óscares... jajaja, soñar es gratis, dicen por ahí. En mi casa siempre me dijeron que las expectativas deben estar por arriba de

uno, tengo muchos planes y metas que quiero lograr. Tengo veinte años y el mundo entero a mis pies.

Finalmente llega el día de la cita en la televisora, estoy muy nerviosa. Siempre he pensado que yo sólo necesito una oportunidad para poder hacerla en la vida, y esta cita precisamente es esa oportunidad tan esperada. Entro a la oficina de esta persona, me recibe con una gran sonrisa que me da a entender que yo soy la actriz que ha estado esperando toda su vida, le enseño mis fotos con mucha seguridad, sé que le van a gustar, y efectivamente, no para de elogiarme de que soy muy bonita y mi currículum tampoco está nada mal.

He trabajado en muchas obras de teatro y eso es una muy buena carta de presentación. Manda llamar al jefe de casting y me encarga con él para hacerme una prueba y entrar a una telenovela. Yo siento que no me la creo, esto no me puede estar pasando a mí. Estoy segura de que seré la próxima protagonista de las novelas. Eso de la tele no me gusta mucho, prefiero el teatro mil veces, sin embargo trabajar en la tele abre puertas que el teatro no.

No me han hablado de la televisora y ya pasó un mes, no sé qué hacer, debí haber llamado yo y mostrar más interés, pero el fulanito me dijo que él me llamaba, no entiendo, no sé bien cómo se manejan esos asuntos, ya me habían dicho que hay que estar detrás de la gente para que haga caso, me confié pensando que ya la había hecho, pero me doy cuenta de que no, así no son las cosas.

Ya no estoy yendo al gimnasio, estoy hasta la madre de estar gorda, harta, cansada. Además con las dos escuelas no me dan ganas de hacer algo más, y encima de todo ir al gimnasio es de las cosas más aburridas de este mundo. Todo lo que sea hacer algo igual a los demás me da una hueva tremenda, sé que hacer ejercicio me hace sentir bien, pero a mí no me gusta hacer cosas sanas que me hagan sentir bien, me gusta lo insano, lo prohibido y lo exclusivo.

Cada año vamos mi familia y yo a esquiar en nieve, es un viaje familiar increíble, creo que es de las pocas veces en las que todos nos reconciliamos para pasárnosla como nunca. Siempre vamos los cuatro, pero esta vez mi hermano va con cinco amigos, así que no se queda con nosotros sino en otro lado, y yo con mis papás y unos amigos de ellos que me caen perfecto, en otro departamento.

Me la paso rebién con mi hermano y sus amigos, así que el viaje es todo un éxito, día con día. Pero yo me siento más gorda que nunca, gorda y horriblemente acomplejada, mi traje de esquiar apenas me cierra y mi cara es como un gran sol. No sé qué me pasó, de estar gorda "normal", en cuanto me subí al avión me inflé. Yo sé que suena de lo más descabellado e insólito pero así es, además estoy muy ansiosa, no puedo dejar de comer y siento que hasta la lechuga me engorda. Busco cualquier ocasión para

Regina Kuri

Regina Kuri

emborracharme y no sentir esta angustia. De drogas ni hablamos; cuando estoy de viaje con mis papás no llevo marihuana, qué tal que me la cachan en el aeropuerto y entonces sí ya se chingó el asunto. Pero quisiera en este momento fumarme toda la mota del mundo y perderme. Encima de todo uno de los amigos de mi hermano me gusta mucho y me odio nomás de pensar que vea estas nalgas inmensas bajando por la montaña.

Ya me di cuenta de que las anfetaminas me rebotan, ya no son una buena opción, además me dan un poco de ansiedad, ya no me funcionan como antes. Una vez le oí decir a alguien en una entrevista que se había provocado una anorexia con la cocaína, dicen que quita el hambre, pero yo ya la probé y como que no le encontré mucho chiste, además dónde podría conseguirla, ninguna de mis amigas se mete coca, de hecho nadie que yo conozca, más que Cristina, y no vive aquí. Pero la idea ronda por mi cabeza, si es cierto que quita el hambre esa podría ser la solución a todos mis problemas. Estoy segura de que siendo flaca todo lo malo desaparecerá de mi vida, y se llenará este vacío que parece no tener fondo. Estoy harta de ver la tele o las revistas y sentirme totalmente frustrada por mi peso y apariencia.

No sé cómo quitarme esta gordura, sí sé pero tampoco quiero hacer el más mínimo esfuerzo por hacer ejercicio, estoy envuelta en una depresión y de plano no veo ningún letrero que diga "exit". Tampoco le quiero decir a mi mamá, no sé si yo necesite ayuda de un psicólogo o qué carajos. Ya fui una vez con un psicólogo cuando tenía catorce o quince años, mi mamá me llevó porque no entendía por qué me ponía esas borracheras. A la tercera sesión con el psicólogo ya lo había yo convencido de que no había problema de nada y que yo nada más me divertía como cualquier niña de mi edad. No hubo diagnóstico ni necesidad de ir a verlo de nuevo, ya estaba dicho todo, mi mamá no sé qué tan tranquila se haya quedado, pero bueno, finalmente es la opinión de alguien que sí sabe. Sin embargo la verdad de todo esto es que manipulé al doctor para que no me estuvieran molestando, me gusta tener siempre la razón. Si alguien va a decidir que estoy loca voy a ser yo misma y nadie más.

Siempre he fantaseado con la idea de que estoy loca, me imagino que soy esquizofrénica y engaño a todos haciéndome pasar por una persona cuerda, y de verdad me la creo, coqueteo con la idea todo el tiempo deseando que algún día se convierta en realidad, me cachen y me refundan en un manicomio con una camisa de fuerza. Eso sí sería una fuga de verdad, estar completamente loca, desquiciada y drogada con calmantes.

La relación con mi hermano cada vez es mejor, como que empieza a haber respeto de las dos partes, desde hace unos meses dejó de meterse conmigo y yo con él, salimos juntos de reventón, como mis papás salen fuera de la ciudad cada fin de semana nos queda la casa para hacer y deshacer. Él invita a sus amigos y yo a mis amigas y organizamos unos pinches fiestones en los cuales, todos se quedan a dormir. Se empieza a formar una relación de complicidad increíble, la verdad nunca había sido así de padre. Ahora lo quiero más y él a mí; cómo pude haber sido tan tonta de no ver al gran hermano que tengo, digo, seguimos teniendo nuestras grandes diferencias, pero esa complicidad, por conveniencia o por lo que sea, nos ha unido mucho. Llega en la noche a mi cuarto a platicarme de su novia y a pedirme consejos, eso me hace sentir bien, me honra el saber que puedo ayudarle en algo, y más por lo distanciados que siempre hemos estado. Me ha incluido en su vida, sin embargo yo no me atrevo a contarle muchas cosas, prefiero que él me platique, me es muy difícil soltar prenda, no porque no le tenga confianza, sino por miedo, no sé si lo que hago le parezca bueno o malo, pero mejor no me arriesgo al rechazo.

Eso es algo que yo no puedo manejar, que alguien me rechace, prefiero mantenerme aislada emocionalmente de las personas, a arriesgarme a que no me quieran. Me da mucho miedo que la gente no me quiera, sea alguien que no conozco o inclusive mi propia familia que no tendrían por qué no quererme.

De cualquier manera prefiero vivir dentro de mí, ahí no hay peligro, sólo el del daño que yo solita me pueda hacer, y ese, pues como que no cuenta.

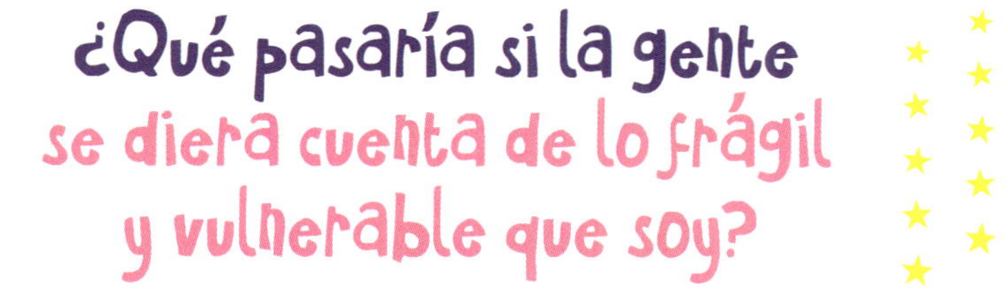

¿Se darán cuenta? ¿Me podrán ver? Mis amigas me dicen que nunca lloro y que debería hacerlo cuando me siento mal en vez de guardarme el dolor. ¿Pero qué puede ser lo suficientemente doloroso para que llore? Algo que verdaderamente valga la pena una lágrima. Yo creo que porque guardo las cosas y no las pienso, desaparecen. Yo nada más lloro cuando siento coraje e impotencia ante algo. Eso quisiera, que todo desapareciera, a veces me imagino sola en el mundo, más bien muerta. Yo soy la que no debería estar aquí, igual y si me muero ya no siento nada. Tengo ilusiones para vivir, pero hay veces en las que no les encuentro ningún sentido y me pregunto si valdrá la pena despertar en la mañana. ¿Para qué?

Todas estas confusiones me ponen de cabeza y si de por sí no duermo nunca, ahora menos, pero encontré unas pastillas

buenísimas para dormir que combino con un poco de mota, caigo como un tronco en la almohada, me encanta soñar que vuelo por los aires, en los sueños soy una persona distinta a mí y me siento bien. Cualquier cosa con tal de no estar en esta realidad insoportablemente plana.

Ya estoy en el último semestre de la escuela de actuación, estamos montando dos obras de teatro para la graduación, eso me tiene ocupadísima, uno de mis personajes es una mujer muy explosiva y temperamental, me encanta. Desde que empecé a actuar siempre me ha tocado interpretar mujeres fuertes, de mucho carácter, muy distintas a mí por dentro, pero por fuera esos personajes son ideales para mí, porque eso es precisamente lo que siempre estoy aparentando. Por otro lado no quiero que se acabe la escuela, me gusta mucho actuar y ahí lo puedo hacer todo el tiempo, creo que la ilusión de ser actriz es lo único que me pone serena. Aun cuando estar encima del escenario me provoca una euforia tremenda, finalmente hacerlo me da paz, y me hace olvidar todo lo demás. Es una sensación de bienestar increíble, una fuga total. Me encantan los aplausos. Protagonista desde chiquita. Es una ironía que una mujer tan insegura como yo tenga un ego tan grande, mi ego es un monstruo que necesita ser alimentado constantemente, si no él me empieza a consumir a mí, minuto a minuto, me ata de pies y manos para dejarme caer en un hoyo profundo de desolación. Siempre he sido así, soy "alguien" si la gente lo dice, como también puedo ser nadie si entro en algún lugar y nadie me voltea a ver. Así de vacía y estúpida es

Es domingo, son las seis de la tarde, mi amiga Estrella me invita a jugar squash a casa de unas amigas que no conozco, son dos hermanas buenísima onda, que en cuanto nos saludamos nos caímos perfecto.

Las cuatro vamos a debatirnos el honor en un partido de squash, es la primera vez que juego y estoy segura que me va a encantar. Me dan a escoger entre una raqueta y otra y cuando volteo veo que Rebeca saca un papelito blanco muy bien dobladito, lo desdobla y veo un polvo blanco, COCAÍNA.

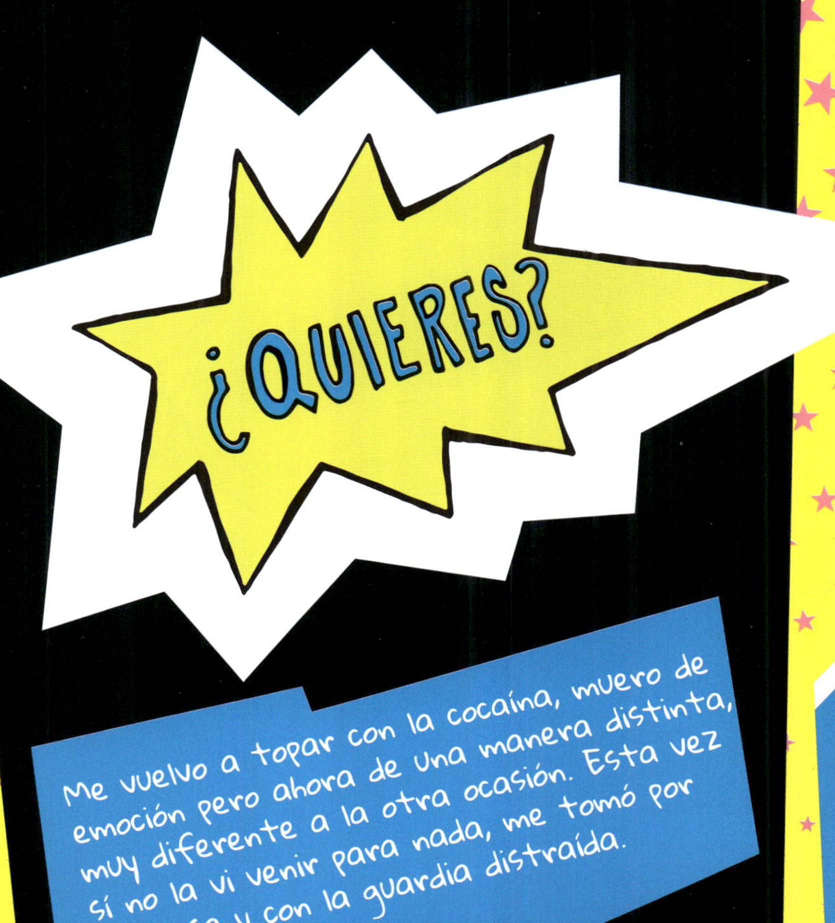

¿QUIERES?

Me vuelvo a topar con la cocaína, muero de emoción pero ahora de una manera distinta, muy diferente a la otra ocasión. Esta vez sí no la vi venir para nada, me tomó por sorpresa y con la guardia distraída.

Yo me hago como si fuera de lo más normal del mundo meterse un pase un domingo a las seis de la tarde para jugar squash. Rebeca extiende la mano para ofrecerme, por mi cerebro circulan todo tipo de pensamientos y emociones en cuestión de segundos, no pasa nada si no quiero, a ellas les importa una sombrilla si me la meto o no,

Sin embargo acepto la oferta, tan normal como si me ofrecieran un vasito de agua. Ahora sí voy a saber qué se siente en realidad porque estoy completamente sobria. Ella toma una tarjeta y cucharea un poco de coca con ella y me la pone en la nariz, "inhala, no le soples", me dice.

El efecto es instantáneo, de inmediato siento un levantón en el cuerpo, mis sentidos se agudizan tremendamente, se me contrae el estómago y me empiezo a atacar de risa nerviosa, ellas también ríen de cómo inhalé el polvo tan rápido, "a ésta hay que decirle "la Koblenz", dice Connie. La verdad no entiendo por qué "la Koblenz" pero igual me río con ellas. Me pone la tarjeta de nuevo en la otra fosa nasal y le vuelvo a jalar. Uf, wow.

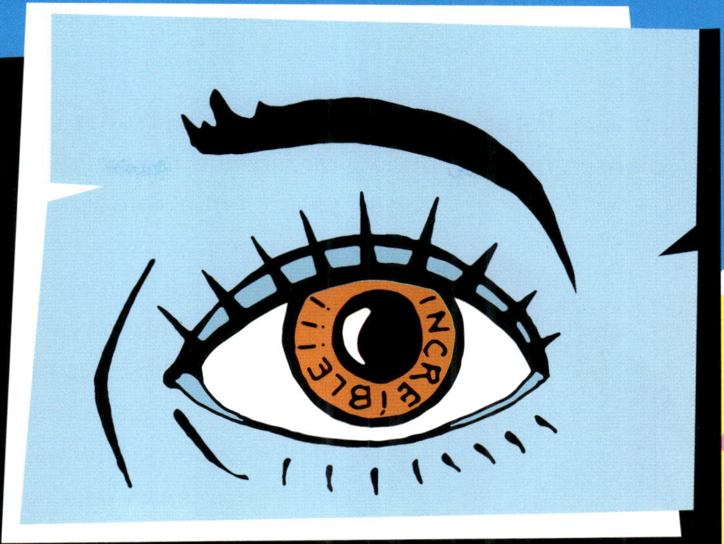

Siento que se me duerme la nariz y la boca, rarísimo pero **increíble.**

Me decido por una raqueta, vamos a jugar de una vez que tengo que sacar este montón de energía tan intenso que traigo dentro. No puedo dejar de moverme, no importa dónde caiga la pelota yo corro a ella, parece que la que rebota en las paredes soy yo. Un juego y gano, otro juego y vuelvo a ganar, no quiero dejar de jugar, pero las he dejado agotadas, yo podría seguir jugando toda la noche, pero tengo que llegar a mi casa, seguro mis papás ya regresaron de su fin de semana fuera y han de estar esperando que vuelva a la casa. Además, tengo que idear la mentira de dónde estaba y con quién. Este episodio se va directito al cajón de los secretos. "La Koblenz"... no entiendo pero me suena chistoso.

mi vida. Pareciera mentira pero las personas con el ego grande piensan que el mundo girar alrededor de ellas pero en realidad lo que pasa es que solo ven el mundo desde su perspectiva y no saben o no pueden ser empáticas con otras personas ni con las situaciones ajenas a ellos. Las personas con ego grande se perciben a sí mismas como pequeñas y como resultado tienen baja autoestima.

He estado pensando en el domingo pasado, no creo volverme adicta si me vuelvo a meter coca, de hecho estaría difícil volverme adicta nomás por el hecho de que no tengo fácil acceso para comprarla, no sé ni dónde ni nada, y la verdad me da pena preguntarle a Estrella, que tal que cree que la quiero usar nomás para conseguir más. Además de que eso no es cierto, a mí Estrella me cae muy bien y la quiero mucho, jamás la usaría, ni a ella ni a nadie. Lo único que he recibido de ella es buena onda y comprensión. La conocí en un antro, en una de esas veces que me escapé de mi casa para salir con mis amigos de la escuela de actuación, nos presentó una amiga en común, y me cayó muy bien desde esa vez, y desde entonces nos hicimos muy buenas comadres. A las dos nos encanta el reventón y nos divertimos mucho, me siento bien cuando estoy con ella, es una persona de buenos sentimientos, y eso para mí es lo único que importa. Nada tiene que ver de dónde venga cada quien, o qué haga en la vida siempre y cuando sea una buena persona, que no haga daño, y que respete a los demás.

Estamos Estrella y yo en su casa tomando unos tragos, platicando súper a gusto, ya pasaron varios días desde el episodio del squash, no he vuelto a ver a Rebeca y tampoco me he metido coca otra vez. Yo ya ando medio jaladona por los tragos, y así me atrevo a decirle a Estrella que me gustaría volverme a meter coca, nomás por experimentar, una vez más y ya. Me pide que la

acompañe a ver un señor allá por el aeropuerto. Nos trepamos al coche, pasamos a comprar unas cervecitas para el camino, y ahí vamos. No sabe bien la dirección de donde vive el señor pero sí sabe llegar más o menos, yo en mi vida había andado por estos rumbos. Ya se hizo de noche, estamos perdidísimas, Estrella ya no se acuerda bien de cómo se

llama la calle y yo sin poder ayudarla, no tengo la más mínima idea de dónde estoy, además me estoy haciendo pipí y cuando eso pasa no puedo pensar, mucho menos orientarme, ¿verdad? Sólo sé que estamos en un rumbo horrible, junto al coche pasa un grupo de gente, como una pandilla que se nos queda viendo, Estrella les pregunta por X calle donde ella cree que está la casita. Siento miedo. Si no me matan aquí, me matan mis papás si supieran en dónde estoy. Estamos dando vueltas y vueltas y el único punto de referencia que tenemos es que la casa de este señor está atrás del aeropuerto, y la entrada es una puertita azul. Estoy a punto de explotar del miedo, pero más por las ganas de hacer pipí, y de pendeja me bajo aquí para hacer en la calle.

Peeeeeero como dicen, preguntando se llega a Roma... no sé ni cómo pero llegamos a la casa de puertita azul. Entramos a una vecindad y al fondo está la "tiendita de los dulces", el miedo se quedó afuera, en la calle, estamos con el mero mero del barrio, del nervio y el asco de entrar a un baño ahí se me quitan las ganas de hacer pipí. Nos recibe con mucha alegría un señor como de sesenta años o más, la verdad no se le ve la edad, lo que sí se le ve es que está hasta su madre de borracho, y con mucho esfuerzo para articular

palabra nos dice que aquí no hay que tener miedo más que de los judas (judiciales). Nos invita a pasar a su casa, más bien es un cuarto, ahí saca una bolsa con una piedrota de cocaína del tamaño de una cebolla (y no de cambray). "Un gramito, Don, por favor", le dice Estrella con una gran sonrisa, "y qué tal que nos invita un jaloncito", dándole una palmada en la espalda como una demostración de que somos todos grandes amigos. "Mire, ella es Reginita, se la presento para que la conozca". Yo nomás me río con los ojos saltados de ver las lineotas que está armando el Don para nosotras. Enrolla un papelito a manera de popote, "ándele que hoy ando de buenas", me dice dándome el rollito de papel. Y que me meto semejante línea, hasta los ojos me lloran del jalonzote. "Órale, sí está buena", a punto como si supiera mucho de cocaínas, no tengo ni idea pero algo tengo que decir... más bien no puedo dejar de hablar, eso es. Nos trepamos al coche de nuevo y de regreso a casa de Estrella le digo, "ah... ya entendí por qué la Koblenz", y que me ataco de risa, "por aspiradora". No puedo parar de reír, ni ella tampoco, pensó que yo había entendido el chiste a la primera, pero no había asociado la marca con aspiradoras... soy medio lenta a veces. Venimos hasta la madre, la borracherilla que traíamos por supuesto ya desapareció, quiero echarme unas cervezas a ver si me baja tantito el acelere de la coca, pero tengo que llegar a mi casa, mi coche está en casa de Estrella y me voy volada, no quisiera llegar tarde, ya bastante

La Cocaína

EFECTOS INMEDIATOS

Sensación de placer, estado de euforia, impresión de ser muy competente y capaz, disminución de la fatiga, lucidez intelectual aparente, aceleración de los procesos de pensamiento, verborrea, disminución notable de: hambre, sueño y fatiga. Cuando cesa el efecto se produce cansancio y apatía.

OTROS EFECTOS

Dilatación de la pupila, aceleración cardiaca, sudoración, aumento del ritmo respiratorio, aparición de pensamiento paranoide.

EFECTOS A LARGO PLAZO

- Erosiones y ulceraciones en la mucuosa nasal.
- Alteración de la percepción y del juicio.
- Baja considerable de peso.
- Irritabilidad.
- Intranquilidad.
- Depresión.
- Violencia.
- Cuadros de paranoia, con obsesión de estar observado, espiado y perseguido.
- Aumento de la presión arterial.
- Enfermedades del corazón.

Puede ser inhalada, inyectada o

La cocaína modifica intensamente la afectividad de quien la consume, provocando inicialmente una sensación agradable.

TOLERANCIA Y DEPENDENCIA

Produce tolerancia, lo que hace que exista la necesidad de aumentar progresivamente la frecuencia y cantidad de sustancia con el fin de evitar el malestar que se produce cuando se elimina de los centros nerviosos.

En términos generales se puede decir que la cocaína puede producir **dependencia severa.**

umada (base, piedra, crack).

culpa traigo por la hazaña, como para aguantarme un regaño.

Culpa,

sí me da culpa hacer las cosas que hago, eso ni dudarlo, más culpa siento cuando me viene a la cabeza que no soy la hija que mis papás quieren que sea, y lo peor es que cada día me alejo más de serlo, pero descubro poco a poco que la coca me quita esa incómoda culpa y a cambio me da una sensación muy extraña que nunca había experimentado:

Poder.

El poder de saber que puedo hacer lo que sea sin que me pase nada, quién sabe, yo me siento de maravilla, y lo mejor de todo es que no soy adicta porque no me meto coca diario, ni estoy pensando en eso todo el tiempo, nada más me meto cuando estoy con Estrella echando trago, y no siempre, porque a veces vamos con el Don y no tiene.

Hace ya un par de meses que fue el jueguito de squash, Rebeca nos invita a la Estrella y a mí a tomar una chelitas a su casa,

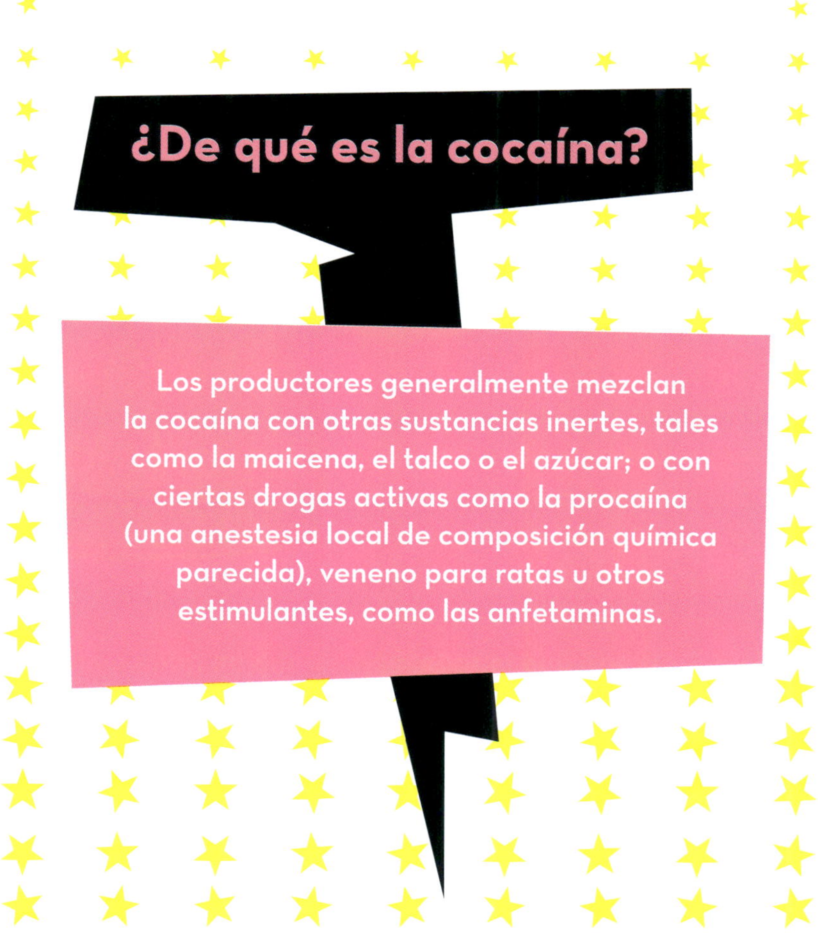

ya sabemos que ahí tiene coca, así que no hay necesidad de ir a visitar al Don. No tengo que llegar a dormir a mi casa, no tengo ninguna preocupación de nada más que de divertirme. De veras me cae muy bien la Rebeca, siempre me recibe muy gustosa, es bien linda y súper simpática, me gusta mucho ir a su casa, cada que nos vemos no paramos de reír.

Después de un par de cervezas y uno que otro pase, me levanto al baño. Junto al excusado hay una báscula, hace mucho que perdí las ganas de andarme subiendo a las básculas porque nada más me traen tristezas y desengaños, pero la tentación es grande, así que me subo, nomás para ver qué.

¡¡¡BAJÉ DE PESO!!!,
no lo puedo creer,
no lo puedo creer,
no lo puedo creer.

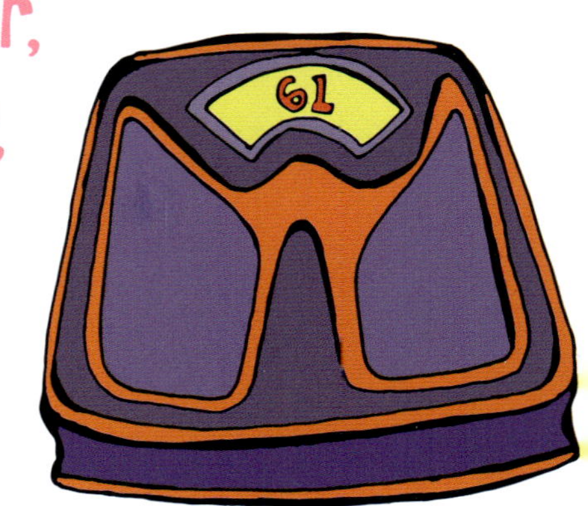

Andaba por los 64 kilos hace unos meses y la báscula marca 61, salgo rapidísimo a preguntarle a Rebeca si la báscula está bien calibrada, me dice que sí, no puedo ocultar mi fascinación, mi felicidad. Había notado que la ropa me sobraba un poco en la cintura, pero como siempre traigo harapos no pensé que estuviera adelgazando. Pero sí, sí lo estoy, y solita sin darme cuenta, sin dietas, ni angustias, **nada**.

¡¡¡¡¡¡¡¡¡¡¡¡ He encontrado al fin el hilo negro de mi felicidad !!!!!!!!!!! El mismísimo hilo negro de mi vida.

Me empieza a interesar más este asunto de la metida de cocaína, sí es cierto que quita el hambre, ya lo comprobé el otro día que me di un pase antes de comer. Estrella me había regalado

tantita y la guardé para probar si de verdad me rebajaba el hambre. No me dieron ganas de comer nada. Problema en vías de resolución, ahora nada más falta convencer a Estrella de que me regale más, porque dinero no tengo como para ir a comprar. Un gramo cuesta doscientos pesos, a veces me cae chamba en algún comercial pero es dinero ganado esporádicamente, mi papá me da dinero pero para gasolina, libros y esas cosas, no sé, tengo que hacer cuentas, mientras con la coca que me regale Estrella la armo bien, nomás tengo que convencerla. Ella dice que si le empiezo a meter sola puedo caer en el vicio y después ya no voy a poder parar, "la cocaína es la droga del diablo", me dice ya cuando estamos hasta la madre, pero no me importa, estoy dispuesta a arriesgarme con tal de estar flaca. Además puedo tomar muchas cervezas y muchas cubas sin que se me trepen a la cabeza. Ya no hago desfiguros por borracha, al contrario, me controlo de poca madre, me tomo dos cubas, inhalo una línea, dos cubas, una línea, y así y así... pero cómo me acelero de repente, eso sí, quizá ya no me dan esas lagunas mentales tan tremendas pero la euforia es impresionante, de verdad no puedo parar de hablar, sólo que esté con alguien que ande igual que yo para que me aguante. Mis nuevas mejores amigas, con esas sí que la habladera nunca termina hasta que alguien se tiene que ir y por lo general soy yo, pero ni modo, vivo en casa de mis papás y me tengo que atener a sus reglas cuando ellos están, y cuando no, me las arreglo para salir y llegar a la hora que me da la gana, o no llego, depende cómo esté la fiesta.

ya valió
madres

Ya

voy a cumplir veintiún años, una amiga cumple el mismo día que yo y nos vamos a festejar juntas en un bar, puras viejas casi, va estar increíble, fiestón de toda la noche con hartas cubas y harta cocaína. Ya le dije a Estrella que me compre unos gramos de regalo, sigo sin atreverme a ir yo sola con el Don, para qué, si siempre hay alguien que trae y convida. Pero de todos modos me gustaría traer la mía para mí solita, en fin, hasta que no me encuentre alguien que me la venda o me atreva a ir solita con el Don. La verdad no voy sola porque pienso que no se va acordar de mí, como las pocas veces que he ido siempre está hasta la madre y nunca se acuerda cómo me llamo... pero mejor que no sepa mi nombre, me da miedo que sepa quién soy, ay sí, como si fuera tan importante. El festejo es en el bar de unos amigos así que podemos hacer lo que queramos, tampoco de estar drogándonos en la mesa, pero sí es secreto a voces que hay coca y todo el mundo andamos igual de puestos pasándonos la grapa. A las seis de la mañana cierran el bar, todos nos tenemos que ir, no a nuestras casas, pero sí del lugar, se organiza un after en casa de una comadrita y ahí vamos todos a seguir la fiesta. Como

a las diez de la mañana Estrella y yo decidimos irnos, la gente está medio pesadita, y mejor nos vamos a su casa. No tengo nada de sueño, quiero seguir bebiendo pero ya se acabó la coca. Estrella está cansadísima, y ya no quiere ni asomarse a la puerta, ¿qué hago?... Son mis últimas semanas de estudiante de actuación (por ahora), he estado ocupadísima con tantas cosas que hacer, ensayos, estudiar, trabajos de la escuela de historia, vida social, viajes al "aeropuerto", en fin, no paro en todo el día. Me gusta andar así, mientras más cosas

"Voy a ir con el Don", le digo, pero como pidiéndole permiso, "no traigo coche ni dinero y necesito que me preste las dos cosas". Sorpresivamente me da las llaves y doscientos pesos, creo que me los prestó para que no la estuviera jodiendo, puedo ser muy cuchillito de palo cuando se trata de hacer mi santa voluntad.

De pronto me asalta la conciencia de lo que estoy haciendo, llevo más de doce horas bebiendo y drogándome, ya se acabó la fiesta y yo aún no tengo sueño, más bien no tengo ganas de dormir que es muy diferente. Me llega a la mente un flashback de cuando compré mi primera cajetilla de cigarros, pensé, estoy en el punto exacto, en la línea que divide la ida y el regreso. En esta ocasión

Paso al SevenEleven por un par de chelas por aquello de la ansiedad, no me vaya a agarrar a medio camino, la cerveza medio me la controla. El sol está a todo lo que da, se refleja en el parabrisas y no puedo ver bien, por el sol y por la borrachera que traigo, hasta tengo que cerrar un ojo para enfocar, pero me encanta la sensación del sol en la cara, además no hay tráfico y puedo ir hecha la madre, me gusta la velocidad, y más cuando tengo prisa por llegar. **Prisa, ansiedad, angustia, culpa, miedo, emoción, mucha emoción.**

es igual, vengo manejando tratando de poner toda mi atención en el camino pero no puedo dejar de pensar en lo que estoy a punto de hacer, me invade un sentimiento de culpa espantoso, me acabo la cerveza de un trago, no quiero pensar, sé que tengo la opción de no ir a conectar, si lo hago puede que no regrese jamás, pero repito:

NO QUIERO PENSAR,

mi único deseo es llegar con el Don y meterme una línea para borrar de mi ser este horrible remordimiento y sentimiento de culpa

Llegué, afortunada-
mente sí estaba el Don,
no sé qué hubiera hecho
si no lo encuentro, pero
sí está. Me presento
con él, "soy la amiga de
Estrella, se acuerda de
mí", apenas puedo hablar
de lo trabada que traigo
la quijada, "claro, eres la
muchachita bonita", me
contesta con una lucidez
que me deja sorprendida,
primera vez que lo veo en
sus cinco sentidos, ahora
la que está bien bizca
soy yo. "Me hace una rebajita,
Don, nomás traigo ciento ochenta pesos". El acepta
con gusto, me pesa el gramo en su basculita, me lo
envuelve en un papelito y salgo volada.

Arranco el coche, tomo el
circuito interior, pero creo
que no puedo esperar a llegar
a casa de Estrella, así que
bajo la velocidad, saco un poco
de coca del papel, lo pongo
en la bolsita de celofán de
los cigarros, lo machaco bien
hasta hacerlo polvo y con
un popotito le jalo fuerte por la nariz. Uf, no le
medí bien, fue un jalonzote, de suerte que todavía
traigo aquí una cervecita para bajarme el acelere
de aquí a que llego a mi destino.

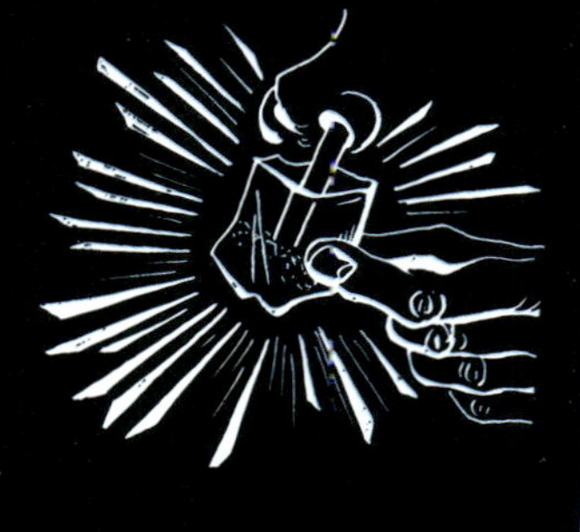

"Ya valió madres", eso es lo que algún día dije después de comprar mi primera cajetilla de cigarros, y hoy lo vuelvo a decir. Ya valió madres.

tenga mejor me siento porque así no tengo que pensar en mí, es una excelente fuga, además de lo demás… claro está.

Así no tengo que pensar en mí…

Falta que un día esté tranquila y me vea para dentro para que se me acabe el encanto, sí, como a Cenicienta, con eso de que vivo a través de los demás, en el momento en que tengo un tiempito sin actividad, no sé ni qué hacer conmigo, por eso evito estar con mi compañía lo más que puedo.

No sé ni qué hacer conmigo…

Estoy muy contenta por mi graduación, he trabajado mucho, es algo muy significativo e importante para mí el hecho de terminar la carrera y con honores.

No hacemos un gran evento, nada más presentamos al público los espectáculos que montamos durante el último semestre, nos dan nuestro diploma y ya. Mi hermano no vino, quién sabe dónde anda, y mis papás se fueron, de fin de semana. La verdad no quise insistir en que se quedaran, para qué, total ellos se la pierden, aunque sí me duele que no reconozcan mi esfuerzo. Si hubiera estudiado medicina o contabilidad, otra cosa sería, pero ni modo, esto es lo que a mí me gusta y voy a pelear por ello, les guste o no, y sí me queda clarísimo que nomás no. Pero no quiero pensar en eso en lo absoluto, no tiene caso, hoy es mi noche y se acabó. Después de la entrega de diplomas nos quedamos los graduados tomando unas chelitas, platicando, mis amigos prenden un churro de mota pero yo no le entro, hoy no tengo ganas de andar apendejada, más bien me quiero emborrachar y meterme enterito por la nariz este gramito que traigo en la bolsa, al fin como no están mis papás no tengo hora de llegada.

Como a las cinco de la mañana le hablo a mi hermano a la casa para avisarle que voy a ir un rato a casa de Javier. Se me dejó venir el güey con una serie de regaños... Parece que mis papás habían hablado como a las tres de la madrugada para ver si yo

ya había llegado y mi hermano no supo ni qué decirles y
por supuesto no tienen cómo localizarme. Ni modo, le
pido a Javier que me dé aventón a mi casa, con el hígado hecho
moño del coraje, y para acabarla de
amolar bien trabada con la quijada tan apretada que me rechi-
nan los dientes. No me queda
de otra más que aguantarme los
regaños.

Digo, sí tienen razón, han de haber estado muy preocupados por mí,

pero, ¿y yo?

CAPÍTULO 8

Sótano 55 y bajando

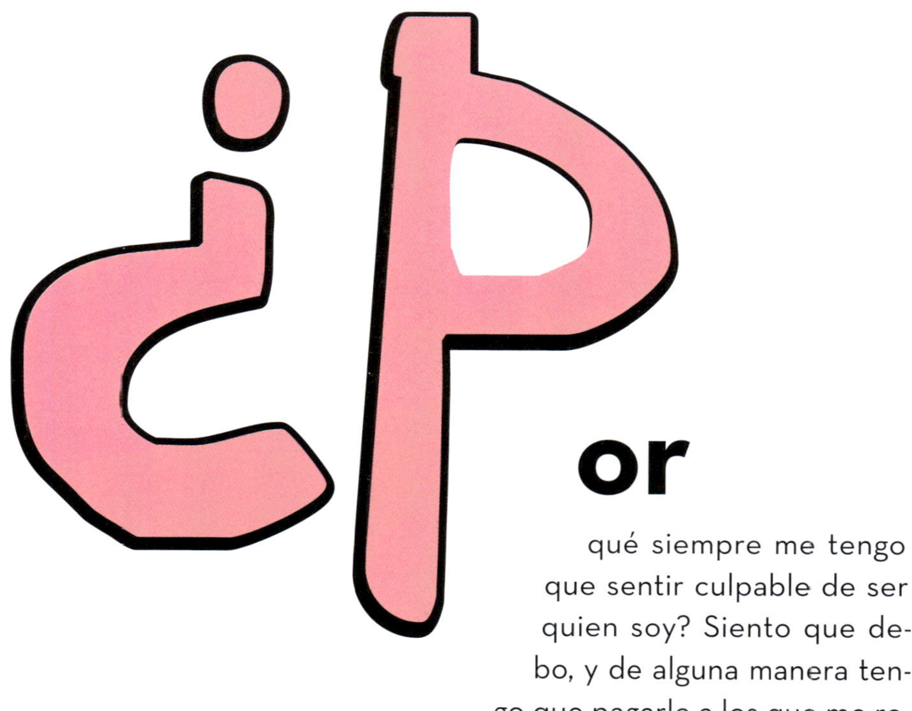

qué siempre me tengo que sentir culpable de ser quien soy? Siento que debo, y de alguna manera tengo que pagarle a los que me rodean una deuda imaginaria, a mis papás sobre todo, me siento culpable por no cumplir sus expectativas. Lo curioso de todo esto es que no me están cobrando nada, yo sola me enredo en la idea de tener que pagar una penitencia. Creo que es mi falta de aceptación lo que origina esa deuda, el que no me siento tranquila conmigo misma, ni con lo que hago, ni con lo que soy, por eso le entrego el poder a las demás personas para que decidan quién soy y yo no tener que asumir la responsabilidad de mi propia vida. Por ejemplo con la escuela de actuación, ya la terminé, ya le fui a embarrar mi título en la cara a mi papá, y como no recibí reconocimiento, fiestas y cumplidos, automáticamente invalido mi

CULPA

esfuerzo, y algo que me costó mucho trabajo pierde su significado e importancia. Así reacciono con todos los eventos y situaciones de mi vida, yo no les doy su justo valor porque estoy esperando que los demás se lo den. Quizá por eso empecé a vivir una doble vida, donde no le tengo que demostrar nada a nadie, formada a base de experiencias que pensé llenarían el vacío, pero lejos de llenarlo sólo lo tapan y sin que me de cuenta cada vez se hace más profundo. Experiencias que me dan satisfacción inmediata, pero también que se acaban rápido, fugaces. Como enamorarme, me dura dos o tres meses la adrenalina, la emoción, mil llamadas por teléfono, jurarnos amor eterno... pero eventualmente se le quita lo emocionante y a otra cosa mariposa. "Enamorada del amor" me dijeron un día, me gusta el término, significa **cero compromiso, libertad**. Siempre he luchado por ser libre, pero insisto, libre de qué, de ataduras, libre de poderme ir en el momento que yo quiera, pero ¿a dónde? Lo que quiero es irme de mí, por eso me drogo para no estar conmigo, para no tener que soportarme.

Empiezo a trabajar de mesera en una cafetería, nunca he servido una mesa, y me da pena acercarme al cliente para tomarle la orden. Este trabajo me va a servir de terapia para vencer mi inseguridad, y bueno, principalmente para pagarme el vicio de la coca que de veras me sale bastante carito, por más gramos que le compro al Don no me rebaja el precio, pero vale la pena pagar lo que sea por esta maravilla. Me gusta servir, creo que encontré mi verdadera vocación,

bueno, además de actuar, pero sí es un hecho que en estos momentos las propinas me dejan más lana que la actuada. Trabajo cuatro días a la semana, ese horario me da chance de estudiar, hacer mis tareas, y además trabajar como actriz cuando me cae chamba. Mis días siguen muy ocupados, actividad, actividad, actividad, que nunca se me acabe.

Ya estoy más flaca, he de pesar 55 kilos, estoy en mi peso, y aparentemente más feliz que nunca, por fin logré que la gente me vea diferente, casi nadie sabe que me meto cocaína para bajar de peso, así que al verme se muestran sorprendidos y con el comentario obligado: "estás flaquísima, ¿cómo le hiciste?" Yo ya me tengo bien ensayadita mi contestación: "pues dejando de tragar", aunque no diga la verdad, tampoco estoy mintiendo, ¿o sí? La verdad sería decir que ya no me puedo dejar de drogar por miedo a subir de peso, que me vuelvo loca cuando se me acaba la cocaína y empiezo a comer compulsivamente, por eso siempre trato de tener un papel extra guardado. La verdad sería que ya nada me importa más que la cocaína que me meto hoy y mañana, ya veremos...

Sí me doy cuenta de que me estoy provocando una anorexia pero finalmente es lo que siempre he querido, sólo yo sé lo que me ha costado llegar hasta aquí. He logrado que la gente me admire, aunque sea por estar flaca, aunque bueno, no puedo evitar los comentarios envidiosos de que "estoy anoréxica" con saña, pero me río con mucha naturalidad para que no se note que es **verdad**, y empiezo a inventar pretextos para justificar mi tan abrupta baja de peso como: dejé de comer carne, se me estabilizaron las hormonas, siempre fui flaca más bien estoy normal, etc... Digo cualquier cosa que se me ocurre para callarle la boca a mi interlocutor y deje de cuestionarme y opinar sobre mí. Me he vuelto por demás ingeniosa con mis mentiras, las elaboro por horas hasta que quedan perfectas, listas en el momento para echárselas en la cara a quien se me ponga enfrente, sin remordimiento alguno. No sé en el escenario, pero en la vida real no hay mejor actriz que yo.

Nadie se podría imaginar que paso noches enteras despierta, bebiendo cerveza o lo que me encuentre y metiéndome cocaína hasta que me sale sangre de la nariz, escribiendo cartas de dolor a quién sabe quién, haciendo cuentas de lo que gano y lo que me gasto, juntando hasta el último quinto para poder comprar más coca y más alcohol. Cubro con una toalla el filo de la puerta para que no se vea la luz prendida que sale de mi cuarto y no se den cuenta mis papás de que sigo despierta en plena madrugada, totalmente paranoica de que me vayan a cachar y vean el estado en que me encuentro. Cualquier ruidito me provoca sobresalto y taquicardia.

Al día siguiente vuelve a empezar la rutina, me despierto después de haber dormido tres o cuatro horas, me baño, me meto un pase de cocaína en vez de una taza de café y me voy a la escuela. Saliendo de la escuela me voy a trabajar donde me tomo antes de comer una cervecita para nivelarme y trabajar a gusto, pero después de la primera ya no puedo parar, entro en un ciclo de tomarme dos cervezas, meterme una línea, así toda la tarde hasta la noche, eso me inhibe el hambre por completo, si no como algo en la mañana antes del primer pase, ya no comí en todo el día. Sin embargo, mi pensamiento antes de tomarme esa primera cerveza es que hoy será distinto. Hoy sí podré parar después de dos cervezas para comer y seguir trabajando. Hoy no será como otras noches que me entra la peor angustia cuando se acerca la hora de cerrar el restaurant e irme a mi casa. Todos los días me convenzo a mí misma que hoy será diferente, pero siempre es igual. Una vez que empiezo no puedo parar cuando yo quiero, pero no pierdo nada con intentarlo todas las veces que sean necesarias.

Visito al Don una vez a la semana, procuro no ir más, ya que constantemente tiene visitas de la judicial y ahí se levantan a quien esté sin preguntar, y la verdad sí me da un poco de miedo, no que me lleven, c me violen o me hagan algo, sino de que se arme tremendo zafarrancho y mis papás se enteren. Hasta ahora no se han enterado de nada y no tienen por qué si manejo bien la situación, aunque a veces me pregunto qué pensarán cuando me siento en la mesa y me como nada más una sopa (y con mucho trabajo), me tomo seis copas de vino, y sigo perfecta, divina y simpatiquísima, obviamente con el truco de las visitas al baño a darme un pase que son bastante seguido. Todo el día y toda la noche le estoy entre y entre y nadie se entera, ni mi familia, ni mis amigas las fresas, ni la gente en el trabajo, **nadie.**

Se me está cayendo el pelo, ya no me quiero ni meter a bañar para no ver las bolas de pelos que se me quedan en la mano. No contaba con que si dejaba de comer se me iba a caer el pelo y se me iba a poner opaco espantoso, no sé qué hacer, estoy preocupada, ya no encuentro cómo peinarme para que no se me noten los huecos en la cabeza. ¿Será una cuota extra que tengo que pagar por estar flaca? Mi mamá se sorprende cuando me corta el pelo, y me pregunta, "por qué se te estará cayendo tanto, lo tenías tan brillante y tan bonito", la verdad no sé qué contestarle, lo único que sé es que no me voy a dejar caer por esto, no voy a confesar así llore todas las mañanas cuando me baño. Sé que la causa es el estrés de la coca y obviamente porque no me alimento, pero pienso que no hay vuelta atrás, no me imagino volviendo a comer como una persona normal, no importa lo que tenga que hacer.

Me encanta salir con mis amigas las fresas, venimos a un antro que a ellas les gusta mucho, cero mi tipo de lugar pero ellas ni muertas se paran en los antros a los que yo voy, a mí no me importa, siempre agarramos unas borracheras muy divertidas.  Mis amigas son súper sanas, saben que me he metido coca algunas veces, pero no diario obviamente, no quisiera que se me espantaran. Me he parado varias veces al baño, la señorita que da las toallas ya me ve medio raro, sospecha algo, estoy segura, principalmente por la facha que me cargo de drogadicta, con el pelo cochino y la ropa vieja y deslavada. Estoy sentada en el excusado y de repente levanto la cara y veo a la señorita asomada por arriba viendo cómo me limpio la nariz con el popote en la mano. Puta madre, puta madre, puta madre, y ahora ¿qué carajos hago? **Me abre la puertita del WC,**

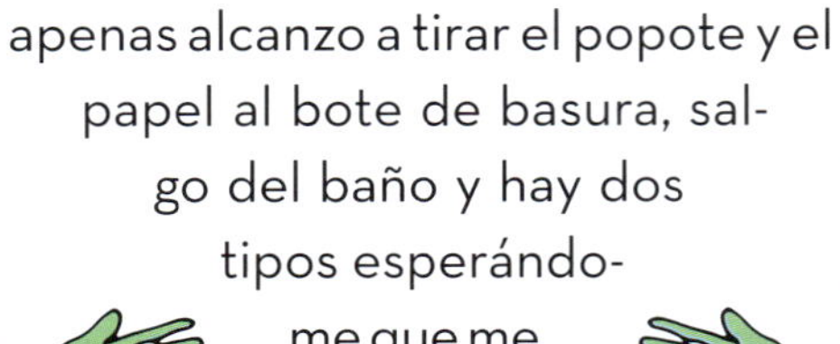

apenas alcanzo a tirar el popote y el papel al bote de basura, salgo del baño y hay dos tipos esperándome que me escoltan hasta la mesa. No me queda más remedio que decirle a mis amigas lo que pasa, con una pena que quisiera salir corriendo. Pagamos la cuenta y quedo invitadísima a no regresar a ese lugar nunca más. Ellas mejor ya ni dicen nada, pobres, las hago pasar por cada cosa...

Nunca pensé que se me fuera a presentar la oportunidad de producir una obra de teatro, tengo una lana guardada, mi directora de la escuela de actuación que además es mi amiga me pasó un texto que me encanta, mi personaje está increíble y bueno, la producción se ha ido dando con ella y con una compañera. Las dos son muy buenas actrices, y nos caemos bien, tenemos mucha empatía. Estoy muy entusiasmada aunque no es nada fácil, nos hemos topado con gente horrible y transa, pero seguimos de pie. La cocaína de alguna manera me hace sentir que todo lo puedo, me encantan los retos y éste es uno bastante grande.

Me pongo como condición no meterme coca para dar función, pero está cabrón, mi personaje es una alcohólica que se la pasa chupando toda la obra, y generalmente en vez de poner refresco en las botellas pongo vino espumoso, y quiera que no pues se me sube. Además estoy trabajando más horas en la cafetería para sacar los gastos de la obra y encima tengo que hacer trabajos de la escuela de historia del arte. Por supuesto que no me aguanto las ganas de meterme unas líneas antes de entrar a escena y más cuando ya entro medio jaladona por los tragos que me tomo en el trabajo. Así que, sin querer, estoy perfecta para el personaje, aunque siempre dije que la mejor manera de actuar como borracha es estando sobria, pero en fin me resulta muy cómodo echarme unos tragos y unas líneas antes de la función. Sólo que de repente de los nervios y por no comer se me baja la presión a media escena y se me pone todo negro, forzosamente me tengo que sentar tantito para recuperar la fuerza.

Regina Kuri
Cada vez me drogo más para entrar a escena...

Cada vez me drogo más para entrar a escena, aunque estoy aprendiendo muchísimas cosas ya no lo disfruto, me doy cuenta que pierdo poco a poco el respeto por lo que más amo hacer en la vida. Seguro ya vendrán más oportunidades para volver a empezar y hacerlo bien, pero esta vez ya que se quede así, de cualquier manera pienso que no me afecta tanto en escena, y así es hasta que alguien me diga lo contrario.

Con tanta cosa y tanta borrachera decido salirme de la escuela de historia del arte, por lo menos hasta que acabe la temporada en el teatro. He empezado a faltar a mis clases por estar cruda y si no la voy hacer bien mejor no la hago, total me falta bien poquito para acabarla, ya tendré tiempo de hacerlo después. Voy a extrañar a mis amigas pero ni modo.

Las crudas son cada vez peores, ya no sé cómo curarmelas, he empezado a temblar cuando despierto de una fuerte borrachera, me levanto de la cama y tengo que arrastrarme al escusado para vomitar, vomito sangre algunas veces, no puedo voltear a verme en el espejo, la imagen es demasiado fuerte como para mantener la vista de frente, estoy pálida, con los ojos hundidos y entrecerrados. Necesito meterme una línea para funcionar, para ponerme de pie. Y la depresión no se hace esperar, estoy tirada en un sillón, de pronto me encuentro llorando y estoy viendo un comercial en la televisión, ni siquiera una película triste o algo así, y más lloro de pensar en lo que habré hecho la noche anterior, en lo que estoy haciendo de mi vida, por eso mejor no pienso, no me detengo si quiera un minuto a nada. Vivo la vida como viene con el consuelo de que si no me gusta me mato y se acabó. Paso noches enteras pensando cuál sería la mejor manera de matarme, combinaciones de drogas, tirarme de un edificio, aunque no es mi opción favorita, se me hace que ha de doler horrible igual que un balazo, pero igual pienso y evalúo mis opciones hasta que me gana el sueño, y me duermo deseando no despertar, la muerte perfecta, morir dormida.

Ya me hartó que me estén diciendo anoréxica, antes me decían flaquita preciosa y ahora todo el mundo me dice que estoy anoréxica y **demasiado flaca**, puta madre, con nada se le da gusto a la gente.

Odio tener que aparentar y justificarme todo el tiempo para que no piensen que sí, que efectivamente soy una anoréxica y no me interesa cambiar.

Quizá sí me estoy pasando de lista, hace mucho que no me subo a una báscula pero debo andar por los 49 kilos, mis brazos parecen fideos, mis ojeras cada vez son más oscuras y pronunciadas. Tengo veintitrés años y me siento vieja, cansada y sobre todo ya nada me ilusiona, creo que he perdido la capacidad de asombro. Mi vida se ha convertido en trabajar mucho para ganar dinero, ahorrar un poquito para lo que se ofrezca y comprar coca, mientras más trabajo más me canso. Entonces tengo que comprar más coca, y mientras más arriba estoy, o sea hasta la madre, más alcohol tengo que tomar para bajarme de la nube... En fin, mi vida es: tengo que, tengo que, tengo que. Yo que lucho por una libertad y estoy más encadenada que un reo. Soy prisionera de mí misma y está de la chingada, pero ya no sé cómo hacerle para zafarme, más me vale sobrevivir mi propia existencia o morir.

Estoy en un restaurant con mi novio Adrián y unos amigos, hace dos días decidí que no me iba a meter más cocaína por aquello de que se me cae mucho el pelo, además llevo más de dos años entrándole duro, ya estoy flaca como quería.

Pedimos una botella de vino, tomo una copa y me siento bien, sin ansiedad ni nada. Le comento a mi novio en bajito para que

Nos cruzamos al bar de enfrente, y en el camino le digo a mi novio que quiero cocaína y le pido que me lleve a comprar, él como que no me hace mucho caso, pero insisto de tal manera que acepta llevarme. Nos tomamos una cerveza en el bar para taparle el ojo al macho y nuestros amigos no la hagan de tos porque nos vamos. Salimos volados a la colonia Roma, ahí tengo un "dealer" de emergencia, la coca no es tan buena, de hecho es bastante mala, pero ante la necesidad no hay opción, aunque la peguen con acetona sirve.

no oigan los demás: "Creo que sí puedo dejar de meterme coca, es más, ni se me antoja", y me da un beso como aprobando lo que le acabo decir. Él solamente bebe alcohol, pero sabe que yo sí le entro a otras cositas, obviamente no le gusta pero no me dice nada tampoco, **"cada quien su onda"**, me dice.

Pedimos otra botella de vino, yo ya me tomé tres copas y voy por la cuarta, ya como que me estoy mareando un poco, de pronto salta a mi mente la idea de meterme un pase, pero no tengo y no traigo coche como para ir a comprar. Decido aguantarme, ya llevo dos días sin coca y no la quiero regar por un antojito, a lo mejor si me emborracho se me olvida, trato de pasármela lo mejor que puedo y me tomo un par de copitas de vino más.

Llegamos, según yo el "dealer" está parado en un poste, ahí donde siempre se pone, me bajo del coche y le digo que quiero dos papeles, le doy el dinero y me subo al coche a esperarlo. Le verdad estoy tan borracha que tengo que cerrar un ojo para poder ver bien, igual ni era el güey y yo ya le di el billete. Esperamos veinte minutos y nada, ese hijo de puta se peló con la lana y yo ando que no me aguanto de la pinche ansiedad, Adrián no sabe ni qué hacer.

Me da pena decirle que me lleve al aeropuerto y más pena me da pedirle más dinero, pero ni modo, total, va a ser una buena aventura para él, cuándo se imaginó vivir esto con alguien, está bien que le inyecte emoción a su vida.

Y con esos argumentos él acepta llevarme. Ahí vamos hechos la madre hasta el aeropuerto, cante y cante canciones de amor para distraernos, él de la hazaña que está cometiendo y yo para ver si así se me baja la ansiedad.

Llegamos a la vecindad de la entradita azul, le pido que se quede en el coche no vaya a ser que se me asuste el Don y no me quiera vender. Pero no está, toco y toco a su puerta y no sale el culero, estoy a punto de abandonar la misión cuando se asoma uno de sus hijos que cuidan el negocio cuando el Don no está.

Uuuuff, qué alivio.

Salgo con mi gramito en la bolsa muy contenta, me subo al coche y nos vamos a casa de un amigo a seguir echando trago, donde aprovecho para ir al baño y hacerme una línea enorme y hermosa para metérmela enterita por la nariz.

Soy otra, estoy lista para irme al antro, a mí esta noche no me para nadie, además es temprano, son las doce de la noche, aún hay tiempo para reventar, mi hora de llegada es a las tres de la madrugada.

Nos vamos al antro Adrián, un amigo y yo a tomar unas cubas, no pienso por ningún motivo dejar mi gramo para mañana cuando me lo puedo meter hoy mismo muy contenta.

Al salir del antro, Adrián no encuentra el boleto del valet parking, siempre hace chiste de que lo perdió, pero hoy no estoy dispuesta a aguantárselo, además ya es bien tarde y tengo que llegar a mi casa, así que me doy la media vuelta y lo dejo ahí parado, "me voy caminando", le alcanzo a decir. Seguro piensa que es broma, mi casa está por lo menos a cinco kilómetros de ahí y estamos en un rumbo espantoso, pero a mí no me importa, de veras, no me importa...

Voy caminando por una calle pero no sé dónde estoy, creo que estoy caminando en círculos, no pasan coches, sólo se escuchan los ladridos de los perros en las casas. De pronto escucho a lo lejos el motor de un coche, pienso que esta es mi oportunidad para pedir un aventón, si no nunca voy a llegar a mi casa y ni cómo avisar.

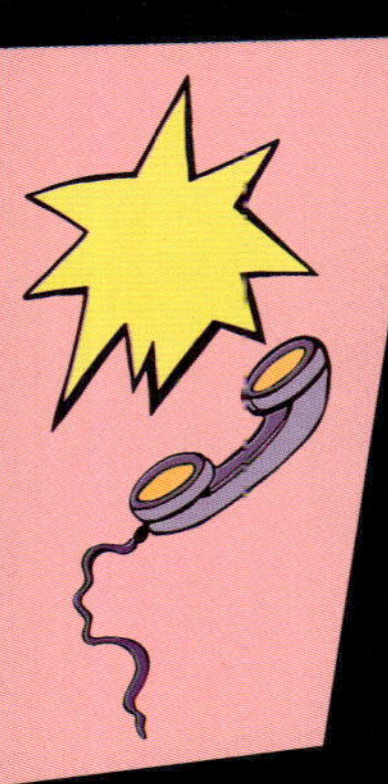

Sana y salva pero hasta la madre, abro como puedo la puerta de mi casa, entro volada a hablarle a mi novio, está asustadísimo, pensó que me habían secuestrado, dice que cuando volteó con el boleto del valet en la mano yo ya no estaba. Me buscó como loco pero no me encontró y no quiso hablar con mis papás para no asustarlos. ¡¡¡Fiuuu!!!, qué bueno, qué pinche buena suerte tengo que este cuate no haya hablado a mi casa para avisar.

Como todavía no tengo sueño le pido que pase por mí a mi casa y acepta, me voy a escapar. Pongo debajo de mis cobijas un bulto para que parezca que estoy dormida con una nota que dice: "Ma y Pa, no se vayan a enojar, me di una escapadita, estoy con Adrián en el bar X, los quiero mucho, La bonita".
Siempre les dejo una nota a mis papás cuando me escapo, por si me cachan no se vayan a preocupar y sepan con quién y

El coche pasa junto a mí, levanto la mano con la seña del ride, vienen dos chavos que se paran adelante de mí invitándome a subir. No lo puedo creer, son las tres y media de la madrugada y yo subiendo al coche de unos desconocidos, pero lo único que puedo pensar es en la suerte que tengo de encontrar un aventón a estas horas, ya es extra que este par de güeyes no me hagan nada.

No puedo darle la cara a mi novio de la pena que traigo por haberme ido, de veras está bien preocupado, pero nada que un par de cervecitas, unos besos y unas lagrimitas de arrepentimiento no alivianen y tan felices como siempre.

dónde estoy, además procuro llegar antes de que amanezca para que no se den cuenta.

Me estoy tomando un café con una amiga que es budista y se dedica a curar personas con energía, de pronto detiene la plática, se me queda viendo como el aura o algo así y me dice: "tú estás enferma de tristeza". ¿Qué hago con eso?, ¿me tiro al piso a llorar? Al escucharlo sentí que se me movía el piso, sus palabras me retumban en la cabeza, me dio en la madre, enferma de tristeza está cabrón, no puedo con eso, mejor me voy a perder por ahí con gente que esté igual de enferma de tristeza que yo... porque según mis cálculos, el único remedio para la tristeza es el desmadre y la mota. Una buena borrachera marca "llorarás" con harta marihuana para reírme hasta las lágrimas y olvidarme de todo.

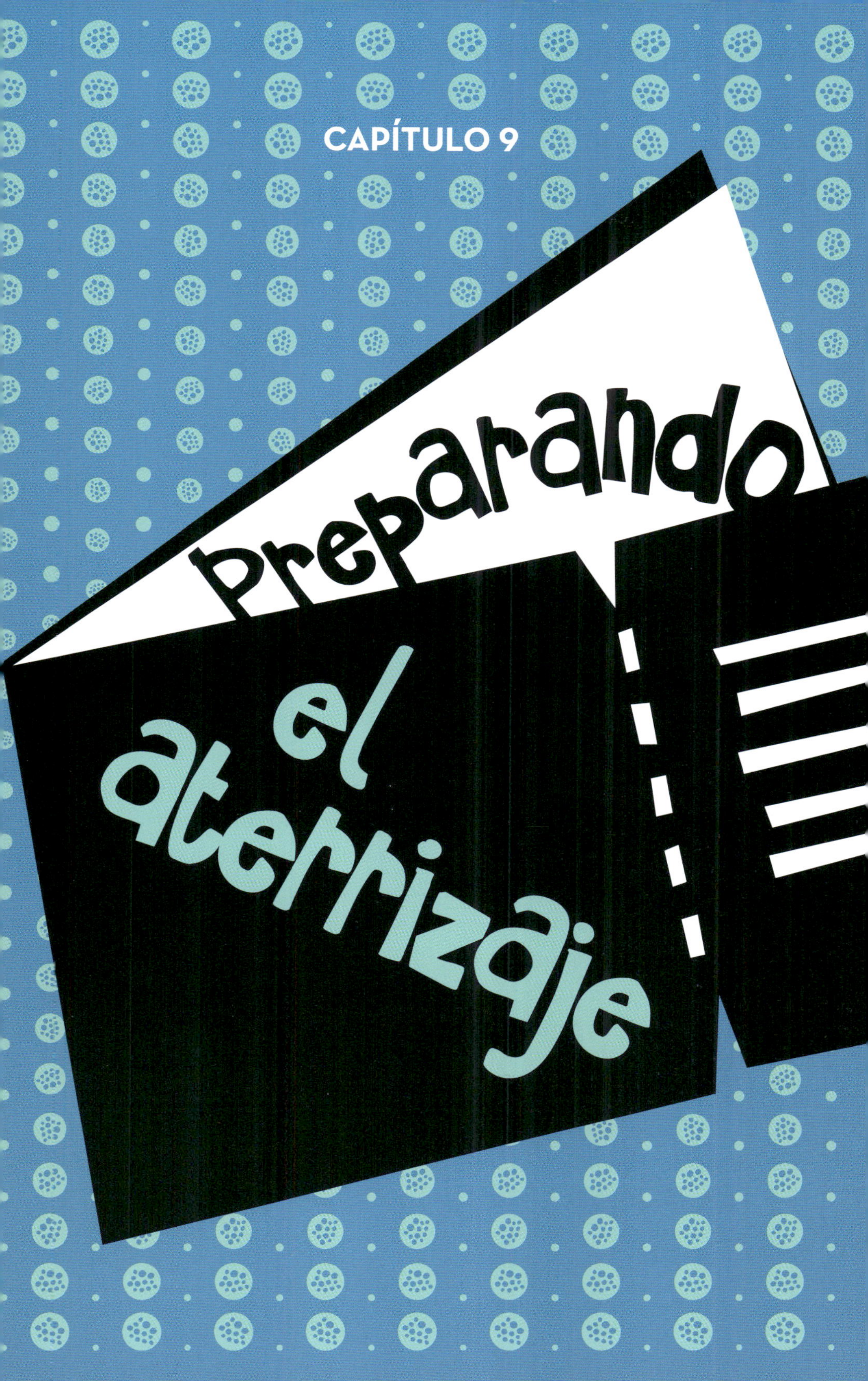

CAPÍTULO 9
preparando
el aterrizaje

He

decidido que me voy de mi casa, mi hermano se acaba de ir a vivir a Argentina, estoy por cumplir veinticuatro años, así que ya es tiempo de despegar. A mis papás no les va a gustar nada la idea que en menos de seis meses sus cuatitos se larguen de su casa pero en fin. no se trata de que les guste o no, se trata de que quiero hacer mi vida fuera de la "vigilancia", hacer mi santa voluntad como siempre y ahora tengo los medios para hacerlo, no tengo miedo. Tengo un plan bien armado y creo que me puede funcionar.

Consiste en dejar la cocaína, perfecto. Gano lo suficiente como para mantenerme, lo que pasa es que todo se me va en el desmadre, pero si me dejo de meter coca voy a chupar menos también y por la mota ni me preocupo porque es baratísima. Estamos en noviembre y mi familia organizó un viaje a Europa de tres semanas en diciembre, tres semanitas que me van a desintoxicar a huevo,

Tengo un plan
bien armado...

voy a ahorrar los dos primeros meses del año y para marzo ya estaré lista para irme con una feria en la cuenta de banco. Unas amigas me rentan un cuarto en su departamento, todo encaja de maravilla, ésta es la oportunidad que había estado esperando desde hace mucho tiempo, no cabe duda que las cosas pasan cuando tienen que pasar... además de que soy muy suertuda por supuesto. Mientras llega el viajecito a Europa voy a aprovechar para acabarme todas mis provisiones, no vaya a ser el diablo y caiga en la tentación cuando regrese. Esta vez quiero hacer las cosas bien y de verdad sacarle provecho a mi desintoxicación.

Nunca pensé que un viaje planeado para ser el mejor del mundo con toda mi familia me fuera a resultar un tormento. No lo digo por ellos, realmente tengo una familia a toda madre.

Con mis papás, después de tanta lucha, tengo una relación que muchos quisieran tener, con mis tíos Lucía y Carlos siempre me he llevado increíble, con mi hermano no podría llevarme mejor, y bueno, finalmente a mi abuela la amo con toda el alma. He aprendido a llevar las cosas en paz, a respetar sus ideas que son muy distintas a las mías, y de verdad existe un gran amor entre todos y somos una familia muy unida. Yo soy la que no entiende qué carajos me está pasando, no duermo en toda la noche y cuando logro conciliar el sueño empiezo a sudar como animal, en la mañana cuando despierto noto que mi pijama está empapada, me la paso comiendo todo el maldito día y ya estoy engordando otra vez. Ando súper intolerante, cualquier cosita la convierto en un problemón marca diablo, todo el día me

peleo con mi hermano por puras idioteces, y lo peor de todo es que quiero aparentar que no me pasa nada, pero no puedo más, siento que en cualquier momento voy a explotar contra todos sin razón alguna, **y no puedo decir nada**.

Cada que nos sentamos a comer y piden vino me tomo una o dos copas e inmediatamente me entra una ansiedad espeluznante, quisiera empinarme la botella completita y luego otra y otra, ahogarme para ya no sentir esta pinche angustia, pero evidentemente no lo puedo hacer, tengo que aguantar vara a como dé lugar. En las únicas ocasiones que puedo beber a mis anchas es cuando salimos mi hermano, mis primos y yo al antro, y ahí sí que me doy vuelo, son momentos de alivio más que de diversión.

Esa noche pasó algo y mi hermano y yo nos peleamos horrible y nos insultamos peor hasta que nos cansamos. Realmente es una estupidez pero no se me baja el coraje, ya quiero que se regrese a Argentina porque en cualquier momento de la desesperación le suelto toda la sopa y no le va a gustar nadita.

Regresar a mis actividades me aliviana muchísimo, parece mentira, a mí que me choca la rutina y es lo único que me ha mantenido lejos de la cocaína estos dos meses, la rutina y la ilusión que me da independizarme.

Me siento con mis papás a platicar, es la hora de la cena, yo no pruebo bocado de los nervios, después de unos minutos (no se les vaya a atragantar la cena) comienzo a hablar, les planteo cómo está la onda de que me voy, que gano lo suficiente para mantenerme y que es tiempo de que me vaya a hacer mi vida separada de ellos. No me dicen nada, sin embargo en sus ojos veo una profunda tristeza, los dos tienen en la mirada la impotencia de que me les salí del guacal y ya no hay manera de volverme a

meter. Después de un silencio sepulcral me preguntan que con quién voy a vivir, dónde, cómo y poco a poco suben el tono de voz, esto es una franca discusión, pero ¿qué discutimos? La decisión ya está tomada y ni el corazón podrido de culpa como lo traigo me va a hacer cambiar de opinión. Primero estoy yo y que se chinguen los demás, de cualquier manera yo me fui desde hace mucho tiempo, aunque físicamente estaba ahí, mi mente ya andaba bastante lejos como para ir a traerla de regreso.

Llegamos a un pueblito a pasar Año Nuevo, organizamos una fiesta en el hotel, todos estamos felices, yo estoy muy alivianada porque hoy sí tengo pretexto para emborracharme, al fin todos andan igual.

Después de celebrar el año nuevo, abrazarnos y desearnos lo mejor entre todos, mi hermano, mis primos y yo nos vamos a un antro con una chava que conocimos ahí en el hotel, ya todos se ven bastante borrachos y yo, bueno, tengo que cerrar un ojo para no ver doble.

¡Pum!, se me

Me bajo de un coche junto con un güey y una chava en medio de una plaza, no reconozco el lugar, pues cómo, si en mi vida había estado aquí, no sé ni quiénes son estas personas ni qué hago con ellas.

No sé ni cómo llegamos al antro, entrando me meto al baño de volada, salgo buscando a mi hermano y entre la peda y que no traigo mis lentes no lo encuentro, tampoco a mis primos, me siento súper confundida, hasta estoy dudando de estar en el antro correcto, no entiendo absolutamente nada, ¿se estarán escondiendo de broma?

apagó la tele.

Es más, no puedo ni hablar bien y a estos españoles no les entiendo nada tampoco. No me acuerdo del nombre del antro, mucho menos el del hotel y de su ubicación, no siento que deba estar en estado de alerta, no siento peligro, de los cinco sentidos no me funciona ninguno, de suerte que tengo un sexto...

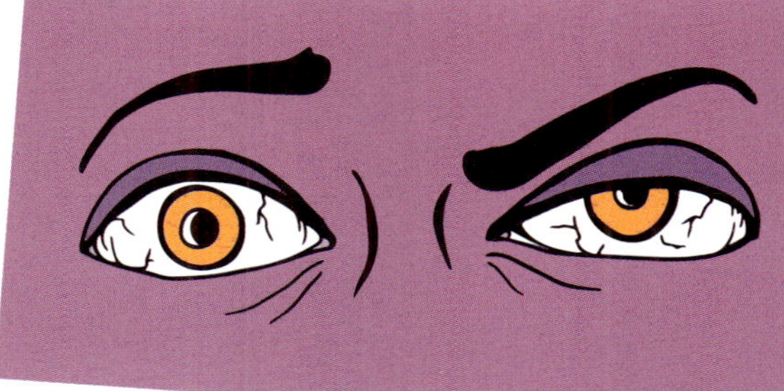

Me pongo a caminar con el objetivo de llegar al hotel, entro en un bar de tapas y le pregunto al barman...
Algo me contesta que no le entiendo nada y de pronto recuerdo que el hotel está en una calle muy ancha, quizá sea la misma donde estoy caminando, salgo del bar y a lo lejos veo mucha luz, camino hacia ella.

Llego al hotel, en el lobby me meto a una caseta de teléfono, mi intención es llamar a México, para qué, no tengo la más mínima idea, en eso abren la puerta, es mi hermano hecho una furia.

La verdad no sé qué contestar, ¿qué le digo?....

Estoy feliz, creo que nunca me había sentido así en toda mi vida, me gusta mi nueva casa, por suerte mis amigas no se meten nada y eso hace más fácil que me mantenga limpia, aunque sea de coca nada más, porque al vino sí le entro seguido pero en menor cantidad que antes, la mota me aliviana y hace que me ría muchísimo, creo que nunca la voy a dejar así me quede idiota. He dejado de salir al antro de siempre, me dijeron hace mucho que para que no me den ganas de de volver a usar cocaína debía dejar de ir a los lugares donde me drogaba , y pues yo la uso en todos lados pero bueno, por lo menos a ese antro ya no voy. Aunque es difícil, mis amigos de parranda a los que veo muy seguido por el trabajo siempre van y es horrible tener que decirles que yo no voy, pero ni modo, prefiero eso a volver a caer con la pinche cocaína de mierda.

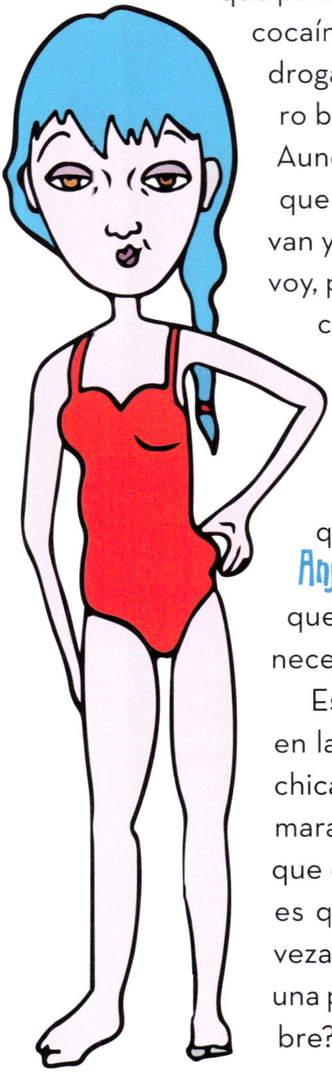

Ya van a ser seis meses que regresé y todavía no logro bajar esos kilos que subí en el viaje a Europa, una amiga me recomienda un doctor buenísimo al que acuden muchas artistas para adelgazar. **Anfetaminas one more time**, yo que pensé que me había librado de ellas, pues no, son necesarias y ni modo, yo gorda no me quedo.

Están fuertísimas, me tomo una capsulita en la mañana, y la casa me empieza a quedar chica, hasta ganas me dan de salir a correr un maratón de la ansiedad tan intensa, lo malo de que estén tan fuertes y me pongan tan arriba es que me dan muchas ganas de tomar cerveza para bajarme, y en la noche para dormir una pastillita, no hay de otra, pero eso sí, ¿hambre? **Adiós.**

Estoy bebiendo demasiado, acabo de regresar de Argentina. Fui a visitar a mi hermano y a hacer las paces, no quiero volver a pelear con él nunca más, me gustaría algún día poder acercarme y contarle por lo que estoy pasando pero no me atrevo y no sé si podré en un futuro. Me imagino que debe dolerle ver que me pongo esas borracheras tan espantosas, no estuve sobria un día en todo el viaje, todo el tiempo estuve muy ansiosa, y no me alcanzaba el vino para emborracharme. Yo creo que él piensa que pasa el tiempo y yo sigo igual, en la inconsciencia total, nunca me lo ha dicho ni me lo ha

hecho sentir, pero es lo que yo creo porque me siento menos que él, me gustaría lograr que un día me admire como yo lo admiro a él, sin embargo la admiración se gana con hechos, pero parece que yo solita sin darme cuenta me quiero hundir más y más, y veo que esto no tiene fondo.

No tardo en llegar al antro (al que había dejado de ir) y en cuanto veo al güey del valet parking lo primero que hago antes de dejarle el coche es pedirle un papel de cocaína, le doy el dinero como que no quiere la cosa, ya me conoce, saca del pantalón un papel y me lo da en seguida, así son estos negocios cuando una tiene la fortuna de ser mujer, rápidos y todos contentos.

Adentro del antro ya después de meterme varias cubas y medio papel creo que no
me son suficientes y me como un cuartito
de tacha que me regala un amigo, nunca la había probado y la verdad no he
convivido con mucha gente que se meta tachas así
que no tengo
ninguna expec-
tativa de lo que
se siente. He es-
cuchado que te
haces adicto de in-
mediato y que fríe el ce-
rebro, pero un cuartito no
creo que me haga mucho daño
de cualquier manera.

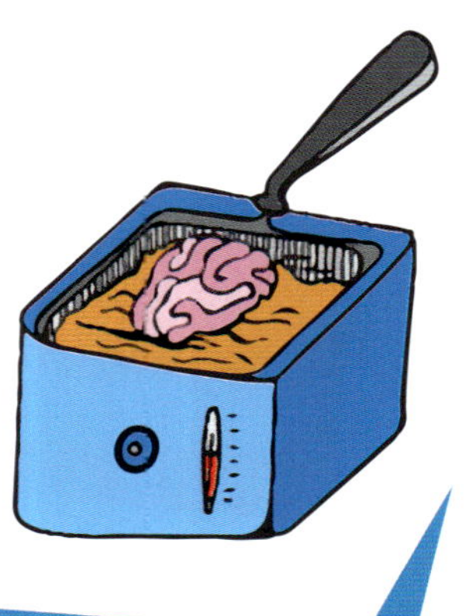

Ni siento nada con la tacha, será
porque ando ya hasta la madre de lo otro, ¿por qué será
que todas las primeras veces que he probado algo nuevo no me pone? Pregunta con una sola
respuesta: porque siempre ando bien
peda para darme valor y hacer pendejadas, el alcohol inhibe el efecto del éx-
tasis... y de todo lo demás por supuesto.
Ya se me había olvidado que con la
coca sudo muchísimo, estoy toda sudo-
rosa y no porque me la pase bailando,
al contrario, siempre estoy sentada, es
como sudor nervioso que deja las camisetas oliendo asqueroso, no entiendo
cómo la gente se acerca con este olor a
rancio que traigo.

Pensé que después de tanto tiempo de no entrarle a la coca iba a sentir más que la primera vez, pero no, me he tenido que meter el doble para tener el efecto de antes, se me hace raro que sea así. De todos modos no me preocupa porque puedo dejarla cuando yo quiera, si ya lo hice una vez lo puedo volver hacer con la mano en la cintura, nada más es cuestión de querer y tener fuerza de voluntad y bueno, un poco de marihuana nunca está de más por aquello de lo amargada que se vuelve una. Mientras me alcance el dinero no pienso dejar la cocaína, ya después me preocupo por lo que pueda pasar. Lo malo es que tendré que empezar a mentir otra vez, a mis amigas con las que vivo les prometí que ya no me iba a drogar más, digamos que fue una de las condiciones para que me rentaran el cuarto, pero bueno, si lo tapé tan bien viviendo con mis papás no creo tener mucho problema ahora.

Es 25 de diciembre, vine a una reunión de amigos para celebrar la post-navidad, pero me siento tan cansada, estoy aquí nada más por puro compromiso, me tomo un par de cubas y me meto un poquito de coca a ver si eso me sube el ánimo y como que sí sirve. Nunca falla, cuando no puedo socializar, que es bastante seguido, un par de cubas y un pase me resuelven el problema. No es la gran fiesta, pero estamos todos reunidos, felices, brindando y rolando el churro. Me encanta combinar marihuana con cuba, y ya que me está dando un poco el bajón, una buena línea para abrir los ojos y seguir la fiesta. Nos dan las cuatro de la madrugada, entre risa y risa se me fue el tiempo volando, veo que algunos se van, "pero, ¿por qué se van? Si estamos tan divertidos", les

digo casi rogándoles para que no se vayan, no quiero llegar a mi casa todavía, para mí no se ha acabado la fiesta y la verdad no tiene para cuándo. Sin remedio me subo a mi coche y me voy a casa, no puedo ni manejar y quiero más fiesta...

¿A quién le hablaré a estas horas que esté despierto?

Ya sé, a Eduardo, un amigo del after que siempre me regala coca.
"¿Dónde estás? Voy para allá".

En un abrir y cerrar de ojos (literalmente) llego al departamento de un güey que no sé ni cómo se llama, la música está altísima, todo está oscuro, las ventanas están tapadas con telas, sólo se ven sombras de gente pero no les pongo mucha atención, mi objetivo es Eduardo, o bueno, más bien la coca que trae. Tomé tanto alcohol hace rato que no me cabe una gota más, pero

sí de coca se trata hasta que me sangre la nariz no importa. Me pasan el platito de la coca, hay un chingo qué barbaridad, no lo puedo creer, estoy en el paraíso, me meto una buena línea para bajarme la borrachera que traigo y ya más despiertita me ofrecen media tacha, venga para dentro, espero que ahora sí me haga algo y no me quede chiflando en la loma esperando el efecto.

Quién iba a decir que en un 25 de diciembre a las cinco de la madrugada yo iba a encontrar una fiesta con tanta maravilla, por ahí hay una chava que está fumando piedra (cocaína cocinada), nunca he fumado eso y hoy es un muy buen día para empezar, total tantito no pasa nada. No puedo ni detener el bote de lo acelerada que ando, así que le pido que ella fume y me eche el humo en la boca porque de otra manera no puedo. Se siente padre, más bien ya ni sé qué siento, estoy girando en un tacón de tanta cosa que traigo adentro, pero sí sé que no podría estar mejor, no me importa la cruda que me pueda dar, es prudente que no piense en eso, si no me voy a malviajar y no quiero.

No hay peor cosa que estar hasta la madre y empezarse a preocupar por algo del mundo exterior, una vez que entra el gusanito del pendiente ya no hay cómo sacarlo, sólo metiéndome más droga logro olvidar aunque sea unos minutos, pero invariablemente regresa y el malviaje es horrible.

Suena mi celular, es María, una de la amigas con las que vivo, no me atrevo a contestarle ahí mismo, qué tal que oye dónde estoy, ella no sabe que me ando drogando otra vez, así que salgo corriendo del edificio, ya es de día, el sol está brillantísimo, no había visto la hora, son las once de la mañana. Vuelve a sonar

Crack, crack, crack

Se le llama así por el sonido que hace cuando se fuma. Es cocaína cocinada con éter, amoniaco, bicarbonato de sodio entre otras sustancias tóxicas.

Es altamente adictiva por la rapidez e intensidad en que se produce el efecto y en consecuencia el efecto pasa más rápido.

Hay que consumir más para no sentir el bajón.

Físicamente hace que los vasos sanguíneos se contraigan lo que produce una fuerte aceleración del corazón lo que puede provocar **una muerte súbita** aunque no se hayan consumido grandes dosis.

Tolerancia

La tolerancia se produce cuando una persona consume una droga de una forma continuada y su organismo se habitúa a ella. Como consecuencia, se desarrolla un proceso psícológico y físico que hace necesario aumentar la dosis de forma progresiva para conseguir los mismos resultados o efectos. También hablamos de tolerancia como la cualidad de una sustancia de que con el uso continuado y con la misma dosis, produce un efecto cada vez menor.

Existen dos subtipos:

TOLERANCIA CRUZADA

Implica que cuando una persona ha desarrollado tolerancia a una droga, la hace extensiva también a todas las drogas de su mismo grupo farmacológico o similares.

TOLERANCIA INVERSA

Se da cuando con una dosis menor conseguimos el mismo o mayor efecto.

Crear tolerancia no es bueno. Es indicio de abuso y adicción.

mi celular, lo contesto con mucho miedo, tengo que mentirle, no puedo decirle nada, se enojaría muchísimo, yo le había prometido que no me drogaría más, "estoy en el súper", le digo esperando que me crea. Se supone que hoy mismo la alcanzo en Veracruz y se me había olvidado, tendrá que ser mañana, ni modo, pero cómo le explico, no tengo en mi registro ninguna mentira creíble. "Te hablo llegando a la casa, se me va acabar la pila", y sin esperar contestación, apago el teléfono e inmediatamente me subo al departamento toda paniqueada. Esa llamada me deja mal, me regresa a la realidad y no quiero estar ahí.

Parece que dentro de todo lo que me metí hoy, también me tomé una pastilla de angustia, tengo trabada la quijada, la boca seca como un desierto, y por supuesto malviajada a más no poder. Ya me quiero ir pero me da pena, no me gustaría que pensaran que soy una convenenciera, ya vine, me chingo su droga,

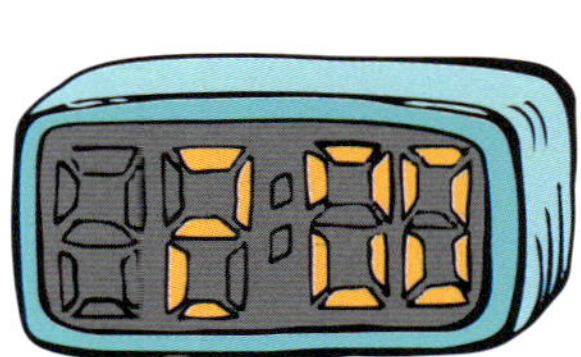

y ya me voy… No sé cuánto tiempo ha pasado, por fin decido despedirme, no quieren que me vaya y eso me provoca más angustia, pero ya no aguanto, estoy desesperada, adiós a todos, me levanto y salgo del departamento de volada. Son las dos de la tarde, el sol sigue más brillante que nunca, el camino a mi casa me parece eterno pero finalmente llego directo a meterme en la cama.

Estoy sola, temblando, no puedo dormir ni con las tres pastillas que me tomé hace una hora, tengo taquicardia, necesito comer algo pero siento que si me levanto de la cama me voy a desplomar a medio camino. Quién me manda a meterme tanta chingadera. Prefiero morirme en este segundo que seguir con esta angustia y este puto miedo. Miedo a todo, miedo a verme en el espejo y sentir tal culpa que la muerte se convierta en mi única opción. Fumo un poco de marihuana para que me hagan reacción las pastillas que me tomé, pero no siento que me haga nada. Tengo que comer algo, si no nunca me voy a

poder dormir, me arde horrible la boca del estómago. Salgo de la cama, me arrastro hasta la cocina, siento que el corazón me va explotar, como puedo agarro un vaso y me sirvo un poco de leche, le doy un trago y me tiro todo encima. Regreso a la cama, me logro meter debajo de las cobijas, le rezo a no sé quien para que me lleve de una vez. No quiero vivir.

CAPÍTULO 10
La muerte
no me
ALCANZA

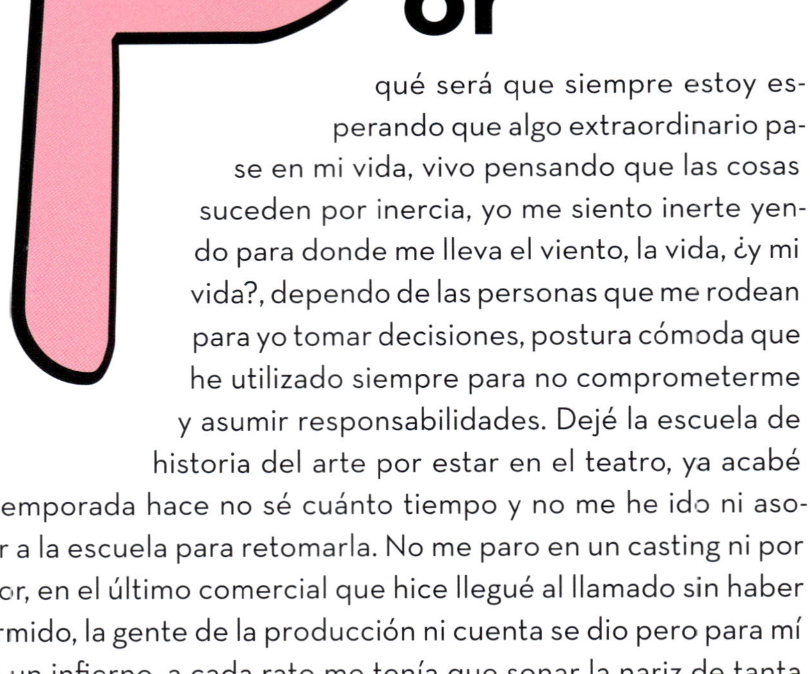

Por qué será que siempre estoy esperando que algo extraordinario pase en mi vida, vivo pensando que las cosas suceden por inercia, yo me siento inerte yendo para donde me lleva el viento, la vida, ¿y mi vida?, dependo de las personas que me rodean para yo tomar decisiones, postura cómoda que he utilizado siempre para no comprometerme y asumir responsabilidades. Dejé la escuela de historia del arte por estar en el teatro, ya acabé la temporada hace no sé cuánto tiempo y no me he ido ni asomar a la escuela para retomarla. No me paro en un casting ni por error, en el último comercial que hice llegué al llamado sin haber dormido, la gente de la producción ni cuenta se dio pero para mí fue un infierno, a cada rato me tenía que sonar la nariz de tanta coca que me metí la noche anterior. **Horrible.**

Estoy descubriendo que el andar todo el tiempo "puesta" diluye la frustración de querer ser alguien que no puedo ser, y no

¿y mi vida?...

es que no pueda, sino que ni siquiera hago el intento, antes me frustraba horrible porque no tenía trabajo de actriz, ahora ya no es importante, me he liberado al fin del yugo de ir a los castings. Prefiero sacrificar mi pasión por actuar que hacer algo al respecto.

Sólo cuando traigo cocaína estoy de buen humor, no me había dado cuenta que la razón de mi total intolerancia con el mundo es que se me acabe la cocaína, ya mis finanzas no son tan buenas como antes, tengo que ahorrar ahora mientras tengo trabajo, van a traspasar la cafetería, así que ya no es como antes que me podía tronar toda la lana en el desmadre. Por ahora todavía puedo aguantar vara pero restringiendo los gastos considerablemente. Quizá mi papá tenía razón y debí haber estudiado contabilidad o administración, todo el día hago cuentas. La situación financiera me pone un poco nerviosa, no quiero que se me acabe el chistecito de vivir fuera de casa de mis papás, aún me faltan muchos reventones a los cuales asistir y muchas drogas por probar, sin embargo los tiempos de bonanza en que podía tener cocaína guardada por todos lados por ahora terminaron, ya regresarán algún día. De cualquier manera siempre me las arreglo para no quedarme bruja, el dinero va y viene solito pero con esta vida nunca es suficiente.

Me cambié de departamento, ahora vivo completamente sola, aislada del mundo como a mí me gusta, fumo marihuana cuando se me da la gana, puedo dejar las cajas de discos atascadas de cocaína o botellas de cerveza en la cocina y no hay nadie que me diga nada o me vea feo. Nunca me imaginé que a los veinticinco años iba a poder rentar un departamento para mí sola. Yo soy responsable de lo que hago y de lo que no. Vivo con lo indispensable, una estufa, un refrigerador casi del tamaño de un microondas para las chelas, mi mamá me regaló una aspiradora y un mueble donde guardo la despensa, lo que sí no puede faltar es el estéreo y una tele. Es un departamento chiquito pero no necesito más.

"No es más rico el que más tiene, sino el que menos necesita", me dijo un buen amigo, que irónicamente tiene mucha lana.

Unos amigos me proponen abrir un restaurant y acepto entrarle, eso me da cierta seguridad en mí, ya tengo algo seguro en mi futuro, mis papás están muy contentos y yo más porque ahora sí voy a hacer que se sientan orgullosos de mí. Además esto de atender a la gente me gusta mucho, de alguna manera llena un poco el vacío que yo sola no puedo llenar con nada. Es una decisión importante que tengo que tomar, quizá nunca más vuelva a actuar y mi vida tome un

rumbo distinto al planeado, porque aunque no vaya a los castings mi corazón todavía guarda la esperanza de que llegue un productor y me dé trabajo nomás por mi linda cara. Mi abuela es la que me alienta a entrar al negocio y me presta una lana para la inversión, no sé cómo agradecerle, siempre me ha apoyado, la quiero más que a nadie, "yo rezo todas las noches por verte feliz, realizada en lo que te gusta", me dice, y siempre se me hace un nudo en la garganta y me volteo para que no me vea los ojos llenos de lágrimas, de culpa. Si supiera que mi vida es una porquería que no vale ni un Ave María. No hago más que tragarme mi vergüenza y aparentar como siempre, yo quiero que tenga una buena

imagen de mí, por lo menos si no me ve casada y bien vestida (como ella quisiera), que me vea como una mujer de bien.

No soy mala, nada más soy drogadicta, al menos eso creo, porque la verdad nunca he faltado a mi trabajo, creo que eso es lo único que me mantiene con un hilo de responsabilidad y además es como mantengo mi santa voluntad que me sale carísima de París. Las noches de coca y vodka en mi departamento no salen nada baratas, cuando regreso de algún reventón me encanta servirme un litro de vodka con agua de sabor, hacer unas líneas de coca y escribir hasta que amanece, pero el oír el canto de los pájaros y ver la luz del día me regresa a mi realidad y me malviaja horrible, me tengo que fumar un churro de mota o tomar alguna pastilla para poder dormir. Me dijeron que la coca y la mota son una bomba de tiempo en el corazón, pero yo por más que le hago sigo vivita y coleando.

Pero bueno, dentro de todo, el entusiasmo y la alegría llegan a mi vida con el restaurant. Aunque hay problemas típicos de cualquier negocio yo no me dejo caer, confío plenamente en que va a ser todo un éxito y pienso trabajar mucho.

Se casa mi hermano, estoy súper feliz por él, su novia lo adora y él a ella. No quiero arruinarles el evento con uno de mis numeritos, quiero estar tranquila y pasarla chingón, así que no llevo cocaína para no estar parándome a cada rato al baño y voy a tratar de beber lo menos posible. Yo creo que por un día sí me puedo controlar y abstenerme de hacer tonterías. Llevo nada más un poco de marihuana por si las moscas.

El evento es en una hacienda en Cuernavaca, todo está arreglado increíble, lo novios se ven guapísimos, invitaron a todo mundo, mis amigas están felices. De repente me doy escapadas a mi cuarto a pegarle unas fumadas al churro pero nadie lo nota. Entrada la madrugada,

ya que se fueron a dormir las familias y quedan nomás los amigos ya me emborracho tantito, pero en todo el evento, dentro de lo que cabe me porté de maravilla y no hubo problemas. Estoy contenta de que se haya casado mi hermano. La verdad yo quién sabe para cuando pero tampoco me interesa mucho, eso de los casamientos y las convivencias tan estrechas no creo que se hayan hecho para mí.

Pero ¿en qué mundo he vivido todos estos años? Chingada madre, por qué nadie me dijo que la tacha pega mejor si no se trae nada encima... **WOW**, ya me está pegando, mis ojos se mueven a mil por hora, las luces se ven súper brillantes y chiquitas, de pronto me invade una sensación de completo bienestar, estoy desparramada en un sillón, enfrente tengo un gran ventanal donde puedo ver la ciudad. No me puedo mover, todo es tan lento y armonioso, qué a gusto me siento, no lo puedo creer, amo a todo el universo, se esfumaron los pendientes, las preocupaciones y las deudas. No quiero que esto se acabe nunca.

Uy, de pronto ya veo bien, parece que me está bajando un poco el efecto, es tiempo de tomarme una cervecita, le pido a alguien de favor que me traiga una, estoy con pura gente buena onda, y no lo digo porque estoy entachada, sino que de veras todos son buenas personas.

–Otra cervecita por favor. —Sigo sin moverme del mismo sillón, llevo desde que llegué sentada aquí, y aquí sigo—. Otra cervecita por favor.

Ya está amaneciendo, no sé cuántas cervezas llevo, pero deben ser como diez más o menos. Unas fumaditas de mota, un chingo de cigarros, pero nada de coca, eso sí. De hecho todos están tranquilos, no se ve que alguien le esté pegando al perico, qué bueno, así no se me antoja.

"Otra cervecita por favor".

Lo que sí es que no puedo dejar de tomar cerveza, apenas se me está acabando una y ya pido otra, no paro de hablar, me siento muy ansiosa, y ni la mota ni la chela me lo quitan. No quiero moverme del metro cuadrado donde estoy.

Las tachas, gran descubrimiento. Se ajustan a mi presupuesto, como ya me hice cuata del *dealer* por tantas que le compro, siempre me regala algunas extra y ésas las revendo para hacer una lanita de más, también intercambio cápsulas de efedrina por chelas. Esas cápsulas funcionan muy bien para tenerme arriba, se supone que son para hacer ejercicio, pero yo me las tomo para trabajar y curarme las crudas, a falta de cocaína, ni pedo.

Descubro un dealer de mota buenísimo, "el bizco de la paletería", él tiene una paletería de esas que hay muchas en todos los pueblos, le pido una paleta de limón y me vende una bolsita rebosante de mota a cien pesos. Comienzo a venderle a mis amigos fresas que no se atreven a ir, de ahí saco por la venta otros cien pesitos. Me tengo que atener a mis posibilidades, el restaurant por el momento no está dejando billete, mi tarjeta de crédito chifla de tanto que la pasan en la banda. Le pido dinero prestado a mi hermano, a mi papá, a mi mejor amiga... mi libreta de las deudas crece y cada vez me importa menos, siempre vendrán tiempos mejores como dice Yuri.

Mi departamento es un desastre, no limpio desde hace un mes o más, está todo tirado, lleno de polvo, nomás no me dar ganas de limpiar, ni de aspirar. Tengo libros por todos lados, hojas de papel, ropa tirada, mi cuarto parece tienda de zapatos porque no soy ni para guardarlos en el clóset. Dicen que como una tiene su casa tiene la cabeza, será que mi cabeza está llena de cochambre. Si antes no lloraba, ahora estoy recuperando el tiempo perdido, lloro casi todos los días. Estoy deprimida, por eso no quiero limpiar y entre más cosas tiradas veo más me deprimo, pero ni cómo salir de ésta si no tengo el más mínimo interés. Ya limpiaré algún día, a ver de dónde saco las fuerzas y el ánimo.

No me había dado cuenta pero tomo todos los días, me percaté porque hoy en la mañana decidí no beber y son las seis de la tarde y ya traigo una cuba en la mano, no puede ser que no haya durado siquiera un puto día

EL
BiZCO

sin beber. Trato de recordar desde cuándo estoy chupando diario y creo que llevo ya varios años (tantos que ni me acuerdo la verdad), está cabrón. Creo que mi cuerpo ya se acostumbró a funcionar con alcohol, quizá mi mente es la que ya no aguanta estar en sus cinco sentidos, y ya lo vi, aunque quiera no puedo dejar de beber, ya ni modo, mientras no falte a mi negocio todo está bien, y no falto pero a veces no puedo ni sostener un vaso del temblor de mis manos por la cruda que traigo y sólo me la puedo curar con varios shots de vodka y cuando me doy cuenta ya estoy hasta la madre otra vez.

Cuando llego de trabajar y no estoy cayéndome de borracha, no me aguanto las ganas de fumarme un churro de marihuana enterito para relajarme o pegarle un par de inhaladas al popper para sentir que se me hormiguea todo el cuerpo delicioso.

Si no, de plano me como una tacha para el buen humor, no importa que después me ande arrastrando de la depresión, hago lo que sea con tal de no estar consciente, bastante tengo con estarlo en mis horas de trabajo.

Lo malo de comer tachas es que a la larga dejan de funcionar. Una ya no me pone, siquiera dos o tres mínimo para que no me alcance el bajón, porque está cabrona la depresión que me entra después. Si de por sí siempre ando pensando en la muerte, con la depresión post-tacha peor, no sé cómo no me he aventado de un puente peatonal. Bueno, siempre una buena borrachera ayuda a que no me sienta tan jodida, aunque después me tenga que debatir en una lucha cuerpo a cuerpo con la cruda.

NO IMPORTA:

Me la curo con otra borrachera más cabrona y listo.

A mí me gusta drogarme sola, no le digo que no a una buena reunión, pero no me gusta andar bailando, al contrario: he notado que en los bares todo el mundo baila cuando está drogado, yo no, me da hueva, prefiero quedarme sentada platicando y arreglando el mundo. Y cuando estoy en mi casa drogada me río y hablo sola, así que fantástico, más fácil se me hace aislarme. Yo solita me la paso bien, siempre y cuando esté lo suficientemente hasta la madre para bloquear la realidad, porque sobria, ni en sueños.

Llevo dos días sin comer, el reventón ha estado pesado este fin de semana, acabo de regresar de una junta con mis socios, me tomé un par de cervezas y me espantaron el hambre, me siento débil, sé que tengo que comer, me prendo un churro para ver si eso me despierta tantito el apetito. Estoy acostada en mi cama viendo la tele, me paro a la cocina para poner agua a hervir y de pronto todo se vuelve negro, regreso rápido a la cama, unos minutos después escucho la tetera sonando, me levanto de nuevo a la cocina, la apago, otra vez todo se vuelve negro, no puedo caminar, me tengo que hincar para poder arrastrarme hasta el baño, creo que voy a vomitar. Abro los ojos, siento un fuerte dolor en la cara, me enderezo y veo mis lentes clavados en un cajón del mueble que hay frente a la cama, me desmayé, una vez más.

Ahora sí me hice daño, me fui de cara contra la cajonera, de suerte que no estaba de pie sino hincada y eso alivianó un poco el madrazo. Me quedó una buena marca que me cruza la frente y parte de la nariz. Qué diablos le voy a inventar a mis papás que me pasó mañana que voy a comer a su casa, van a pensar que ando con un golpeador, tengo que inventar una mentira creíble, aunque mejor espero que no se den cuenta.

Llego a casa de mis papás y lo primerito, "¿qué te pasó en la cara?", me pregunta mi mamá preocupada. "Fíjate que ayer me levanté de la cama muy rápido, me mareé, pisé un zapato, me tropecé y fui a dar contra la cajonera, qué pendeja, ¿no?" Mi mamá se me queda viendo con total incredulidad, mejor no me dice nada. Cada vez voy perdiendo más creatividad para la mentiras, o de plano ya me vale madres si me creen o no, porque semejante estupidez no puede ser cierta, es tan absurdo como las que dicen que se embarazan en las albercas.

Está muy cabrón que no me pueda tomar dos o tres copas de algo en una comida o cena tranquila. En cuanto me tomo la primera comienza una ansiedad terrible por tomar más. Cuando estoy en alguna comida familiar me tengo que ir a la cocina a servirme

más sin que nadie me vea y tomármelo ahí a escondidas. Peor cuando piden una botella de vino, se acaba y yo quiero más, pero nadie más quiere, me tengo que pedir un par de digestivos para promediar, y rápido irme de ahí a buscar un reventón donde poder ponerme hasta la madre o de perdis darle unos jalones a la pipa con mota.

Ya no me puedo emborrachar normal. Es más, ya ni lo disfruto, llevo mucho tiempo que ya no disfruto cuando me drogo ni cuando bebo. Cada que salgo a algún bar lo único que hago es sentarme a tomar y pararme al baño a meterme coca, espero que la gente se acerque a mí para platicar, porque a mí me da miedo moverme de donde estoy. Nunca salgo más o menos bien parada del bar, siempre salgo tambaleándome, haciendo un completo ridículo, la coca ya no tiene el mismo efecto y mi obsesión por tomar, es cada vez es más intensa, así que no hay cocaína que me aguante la velocidad en que me tomo las cubas. Y si llego a mi casa y no tengo sueño tengo que tomar todavía más o fumar mucha mota hasta caer inconsciente, o me pongo a escribir y a hacerme preguntas como: ¿será normal que alguien piense tanto en que se quiere morir como yo lo hago? Igual lo pienso tanto que por eso no me

Salgo de trabajar a las tres de la madrugada, nos vamos los meseros y yo a un bar de mala muerte donde la jarra de cerveza es barata y ya se ha vuelto nuestro lugar de diversión después de cerrar.

Llego a mi casa a las seis y media de la mañana, un poco jalada por la chela y con muchísima pila, ya está amaneciendo y no encuentro nada mejor que hacer más que comerme una tacha, total...

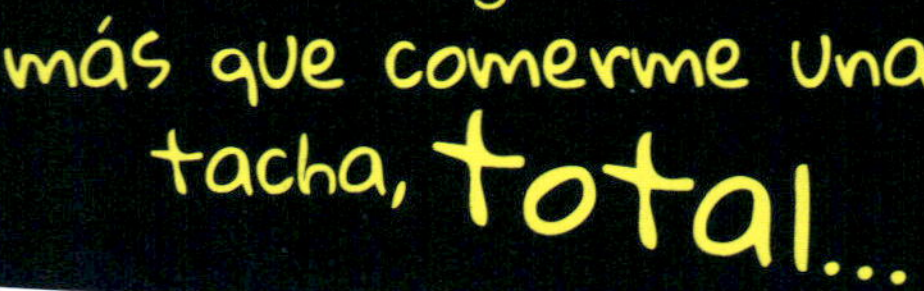

Pongo música, abro una botella de vodka que me regalaron y me siento en el sillón a esperar a que me pegue...

¡Pum!

Estoy tirada boca arriba, abro los ojos, no sé dónde estoy, no sé ni siquiera quién soy yo, me incorporo lentamente, volteo a ver las paredes...

... la cocina.

Me sale una risa incontenible, de verdad me gustaría que alguien me dijera dónde dejé mi botella de vodka.

Por fin la encontré, estaba debajo de una mesa, nada más queda la mitad, me sirvo otro trago, prendo un churro de marihuana y me echo en el sillón a seguir hablando por teléfono, le quiero contar a mis amigas lo que me pasó porque me parece fantástica la hazaña del desmayo.

Pasan unas horas y me doy cuenta de que ya me tengo que ir a trabajar, no he dormido nada, estoy en el bajonzote de la tacha, me meto a bañar, estoy temblando y muy pálida, siento que en cada paso que doy dejo un pedacito de vida.

Llego al restaurant, está lleno de gente, creo que me voy a desmayar otra vez, todo me da vueltas,
no, no puedo.
Le pido a uno de mis socios que me cubra el turno para yo poder regresar a mi casa a dormir, estoy súper apenada con él, es la primera vez que no cumplo con mi trabajo.
Finalmente acepta y me voy a mi casa rapidísimo. Me prendo un churro y en algún momento me quedo dormida.

pasa nada. Es que sí, a veces me impresiona la suerte que tengo. Cuando voy en el coche manejando en las madrugadas, me gusta agarrar cualquier eje vial e ir hecha la madre con los semáforos del eje y las calles que cruzan en preventivas, nada más para ver si pasa un pendejo igual que yo y me pesca. Pero no, siempre llego a donde tengo que llegar sin un rasguño. Ojalá tuviera la misma suerte para ganarme la lotería. Y así me quedo escribiendo y reflexionando todo lo que queda de la noche, generalmente ya que amanece caigo al fin inconsciente en la cama.

Salgo de trabajar de mi restaurant, lo voy a extrañar horrible, he hecho buena amistad con la gente que trabaja conmigo, además es un proyecto del cual he sido parte a lo largo de más de un año, pero necesito jalar dinero por otro lado y el negocio que tenía en puerta se me cayó, estoy desempleada, se me hace tan raro tener tanto tiempo libre, ahora sí no sé qué voy hacer, ni modo, a conseguirme otra chamba. Pero mientras, unas vacacioncitas. Ahora sí voy a poder emborracharme cuando quiera sin tener ninguna obligación al día siguiente, estaba harta de llegar tan destruida los domingos a la chamba que me tenía que tomar: dos efedrinas para la energía, una o dos ranitidinas para la gastritis, dos motrines para la cabeza y bajármelos con un "shot" de vodka. Soy una farmacia ambulante, siempre tengo remedios para poder seguir en la fiesta, nada de que me voy porque me siento mal, salvo algunas veces que la cosa sí está muy, muy mal, que ya no me puedo ni mantener de pie del dolor de espalda de tanto reventón, pero casi nunca sucede.

Un güey me invita a Ixtapa a celebrar mi cumpleaños con otras dos amigas y un amigo de él. Lo conocí hace un par de semanas en el desmadre, es buena onda y quiere conmigo pero ya le dejé muy claro que yo con él no, mejor amigos y se acabó. No estoy muy convencida de querer ir, pero pasan por mí, me prometen que habrá harta droga y alcohol y pues igual no tengo nada mejor que hacer, así que acepto.

Estoy en una suite enorme platicando con Jan, él no se droga según parece, yo sí, hay varios papeles de cocaína en la mesa, una botella de ron, todo patrocinado por él obviamente. Me empieza a tirar la onda, me trata de convencer de que la vida que llevo es mala y todas esas pendejadas, lo que él quiere es que sea su novia, pero cómo le explico a este cabrón que no me quiero acostar con él, que lo único que quiero es *drogarme*, además qué me viene a decir si es repedo y me está comprando toda la droga. Me acabo la coca, y como que ya me empieza a dar mucha hueva este güey, mejor me voy con mis amigas a reírme un rato con un buen churro, me tomo un lexotán para bajarme el acelere y cambio de *mood*.

Tengo enfrente a Pilar y por unos segundos no la reconozco, de pronto no tengo ni idea de con quién estoy hablando.

Éxtasis falso

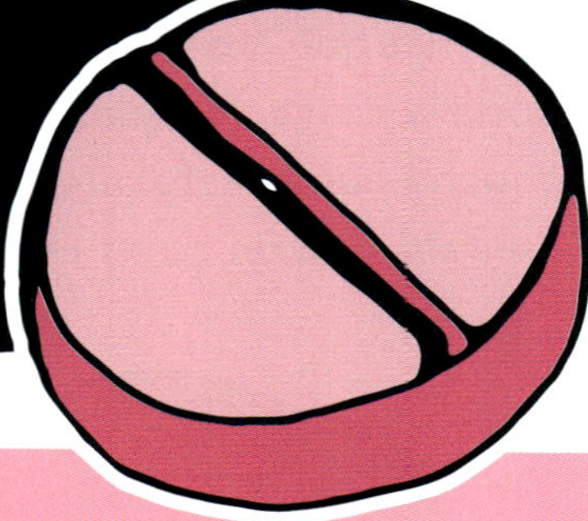

Es una base sintética derivada de la fenietilamina y relacionada químicamente con la anfetamina y la mezcalina. Facilita la liberación de neurotransmisores como la dopamina y la serotonina.

EFECTOS

- Aumento de la empatía.
- Sensación positiva de sensualidad.
- Euforia.
- Alucinaciones auditivas y visuales.
- Verborrea.

CONSECUENCIAS

- Taquicardia.
- Arritmias.
- Hipertensión.
- Ansiedad.
- Insomnio.
- Anorexia.
- Disminución en memoria a corto plazo.
- Tolerancia y dependencia.

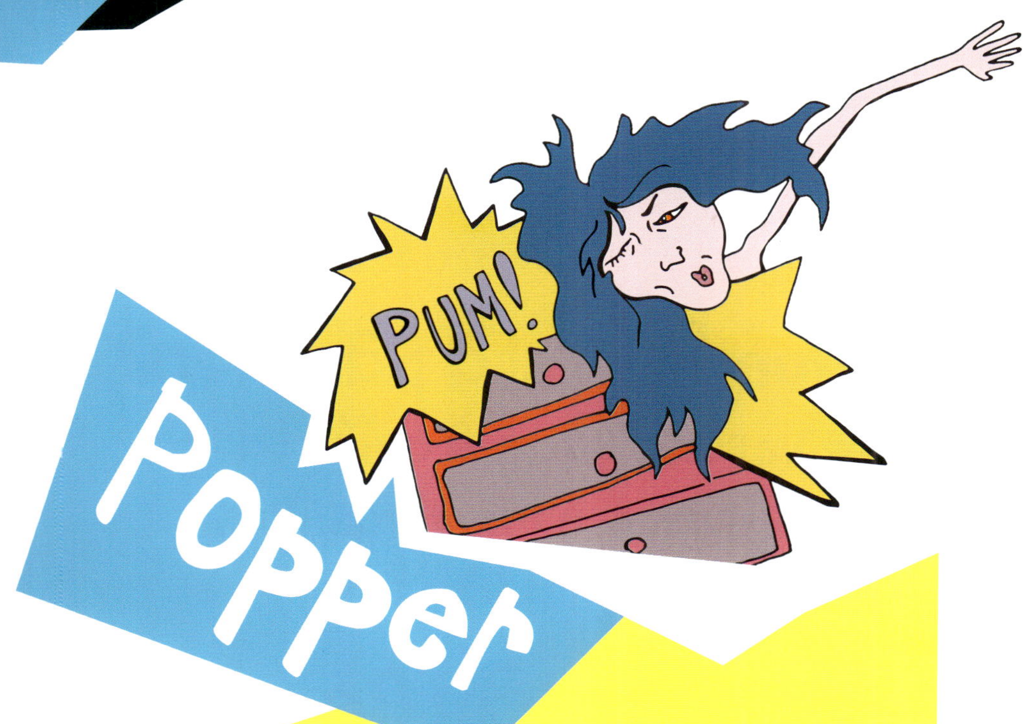

Es una droga psicoactiva que se inhala y produce en pocos minutos un estado de euforia, de excitación sexual, hipertensión, vasodilatación, relaja los esfínteres, y es altamente tóxica conjugada con otras drogas.

La frecuencia y la dosis elevan el riesgo, porque al aumentar la dosis, se incrementan las sensaciones

y también aumentan el malestar y los efectos negativos en el bajón.

me responde, por supuesto sin entender un carajo de lo que está pasando conmigo. Creo que estoy alucinando... no puedo parar de reír, la vuelvo a desconocer una vez más.

¿Qué me está pasando?, de verdad no sé a quién tengo enfrente, y mientras más confundida estoy, más risa me da.

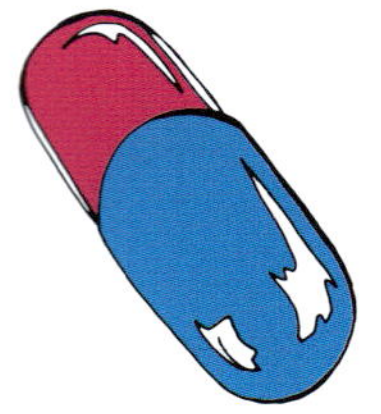

CAPÍTULO 11

Para mí no hay solución

Con

veintisiete años cumplidos y lo único que espero de la vida es que pase rápido, no sé si exista una solución para cambiar mi vida, para empezar no sé si la quiera cambiar, tengo muy claro que no puedo dejar las drogas y el alcohol aunque quisiera, no recuerdo un día desde hace mucho tiempo en el que estuviera tranquila sin meterme nada. Las veces que lo intento me la paso bastante mal, el síndrome de abstinencia es bien culero, además de que yo no concibo mi vida sin drogas. Se me está yendo la onda cada vez más seguido, a mí me da risa, pero cuando veo la expresión de la gente como de lástima, de "pobrecita, la perdimos" me siento fatal, porque es cierto y no tengo cómo remediarlo. Estoy hasta la madre de estar triste, no puede ser que la única manera de hacerme reír es fumándome un churro, pero ya no encuentro otra manera de sobrevivir

más que metiéndome más droga y alcohol hasta que me recoja la muerte y me lleve al mismito infierno de una vez.

No sé qué tanto más fondo haya debajo de mí, yo creo que poco, he destrozado mi vida sin piedad. En relación con mi familia cada vez me siento más lejana, la relación es cordial, sin embargo siento que tienen miedo de acercarse a mí. He construido una muralla impenetrable de silencio, se me han ido acabando los temas de conversación porque cada vez tengo más cosas que ocultar, no tengo de qué hablar con ellos porque me da pena y culpa mostrar lo que soy, les dolería mucho saber en lo que me he convertido y en lo bajo que he caído moralmente, por eso me escondo detrás de una sonrisa y una mirada ausente.

Puta madre, por qué no me muero para que se acabe de una buena vez este sufrimiento que no me permite ver el cielo azul como un día lo vi. He perdido por completo cualquier halo de amor propio que algún día tuve, mi autoestima está destrozada, pisoteada por todos, pero principalmente por mí. ¿Cuántas más crudas espantosas tengo que soportar?, ¿cuánta droga más tengo que consumir para mitigar el dolor que no me deja vivir ni ser, ni nada? No hay salida para mí, de verdad no la hay. Para mí no hay solución.

Vengo a comer a casa de mis papás como todos los martes, esta vez vino mi hermano, casi no viene porque su chamba queda lejos, me gusta cuando viene, y sé que a mis papás les gusta mucho que vengamos. La comida transcurre sin contratiempos, como siempre la relación es muy cordial, ellos platican, yo escucho y nomás estoy pensando en que ya quiero que sea la noche para salir a emborracharme y fumar toda la mota que pueda.

Me levanto por el postre a la cocina, mi mamá hizo cocktail de frutas, mi favorito. Cuando me siento y pongo el plato en la mesa levanto la cara y veo a todos muy serios, a mi papá lo tengo enfrente y lo siento muy nervioso como que le tiembla la boca, y no me quita los ojos de encima. Pasan millones de pensamientos por mi cabeza, no entiendo qué pasa. "Ya sabemos de tus andanzas",

(Ya me cayó
el chauiztle)

Es jueves, quedé de ver a unas amigas en el bar de costumbre, no han llegado todavía, salgo a la calle a fumarme medio churrito para ponerme de buen humor, casi no traigo dinero así que hoy el plan va a ser tranquilo, a menos que ellas me inviten las cubas y lo demás, nunca falta la que no se quiere drogar sola y saca el papel para convidar. Vuelvo a entrar al bar, me siento en la mesa de siempre, pido una cerveza.

Empiezan a llegar mis amigas poco a poco, los ánimos suben, esta ya es una franca borrachera, lo siento por las que tengan que trabajar mañana. Estoy platicando con Elena, volteo la vista y veo llegar a Paulina, la que siempre trae coca, "qué onda, ¿traes coca?", le pregunto estirando la mano para que me la pase. Ahora sí ya empezó la fiesta, Paulina está de espléndida y yo no pienso parar en toda la noche.

Salimos del bar Elena, Paulina y yo, nos trepamos a mi coche y nos vamos a un after que está en la Zona Rosa a tomar un par de tragos más y a conectar más coca. Yo ya no traigo un centavo, pero como yo

puse el coche y vengo manejando a ellas les toca invitarme todo. Qué arriesgadas de subirse al coche conmigo, digo, yo ya estoy acostumbrada a manejar hasta la madre pero bueno, si no les da miedo mejor, de cualquier manera no estamos tan lejos del lugar.

Hace mucho que no venía a un after, aquí se consigue todo lo que uno se quiera meter. Nos dan una mesa, Paulina le dice al capitán de meseros que nos ponga un guardia para estar a gusto y que no lleguen los bo-rrachos a molestarnos y a que-rer bailar, lo bueno de tener amigas con influencias, pero aún así nunca falta el necio que se quiere hacer el chistoso.

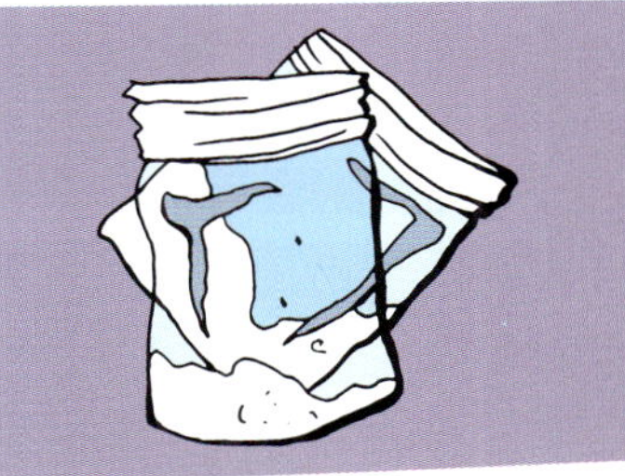

¡¡PFF!! De pronto ya estoy como nueva, pero me empiezan a dar ganas de irme de ahí, hay como mucha mala vibra de tanta gente que está hasta la madre. Pagan la cuenta y decidimos ir a mi casa a seguir con nuestro desmadre.

Nos da el vampirazo mamón en la cara al salir del antro, se siente espantoso, pero más feo se siente ver cómo la gente "normal" sale de sus casas a trabajar o a dejar a los niños al colegio,

Creo que nunca vamos a llegar, son las nueve de la mañana, obviamente hay muchísimo tráfico, yo muero por tomar algo, traigo la boca seca, la camiseta empapada de sudor, me entra una desesperación que a duras penas puedo controlar, pero no quiero que mis amigas se me echen para atrás y ya no quieran seguir la fiesta.

Son como las cuatro de la tarde. Ya nos acabamos la coca y las chelas, Paulina le llama al dealer, le pide tres papeles más. Elena se está sintiendo un poco mal, se mete a bañar en lo que nosotras vamos a la tienda de la esquina a comprar unas caguamas. Cuando llega- mos nos encontramos al "dealer" en la entrada de mi edificio, no sé si yo ando muy sensible, pero ese güey me da miedo. Entramos a mi departamento, Elena si- gue mal, le doy un Lexotán y la acuesto en mi cama. Paulina y yo seguimos platicando, me cuenta de cuando y una viene saliendo del antro más bizca que nunca, sin oficio ni beneficio. Me vendo constantemente la idea de que yo estoy de vacaciones y no tengo por qué sentir culpa, sin embargo me entra muy cabrón y no lo puedo evitar, llegando a mi casa y con un par de chelitas más, espero que la culpa desaparezca.

Por fin llegamos a mi casa, mis vecinas ya se fueron a trabajar así que podemos hacer el ruido que queramos, pongo música, Paulina se pone a picar la coca, armo unos tragos y nos ponemos a platicar. Ya andamos bien trabadas las tres, no paramos de hablar y fumamos un cigarro tras otro para bajar la ansiedad.

sus papás la internaron en una clínica para drogadictos, yo no puedo creer lo que estoy escuchando, he oído mucho hablar de esas clínicas pero no así de tan cerquita. "Estuve limpia unos meses, pero recaí", me dice con cierta tristeza en sus ojos, como si estuviera destinada a seguirse drogando por lo que le queda de vida.

Pienso que yo no debo estar tan mal como ella, pero no me quedo tan tranquila con eso, seguro estoy igual o peor, pero ¿cómo podría yo decirle a mis papás que me internen en una clínica?, creo que más bien jamás les diría que soy drogadicta, primero me meto de monja o me voy al otro lado del mundo antes que hacerles esa cabronada.

Elena sigue muy mal, no se le baja el acelere con nada, está como temblando, se acabó la fiesta, ya son como las seis y media de la tarde y por mí podría seguir y seguir, pero la pobre trae un pasón de aquellos . Paulina pide un taxi y se va. Nos quedamos Elena y yo, le doy otro lexotán, espero que no se ponga peor, si sí qué hago con ella.

Despertamos crudísimas, creo que dormimos bien apenas un par de horas, me veo al espejo y traigo unas ojeras que me las piso, mi casa huele a tugurio, a puro cigarro asqueroso.

Le doy un aventón por su coche y regreso a bañarme, mi hermano y mi cuñada no tardan en llegar por mí y algo tengo que hacer para que no se me note tanto el desvelón, espero que no quieran entrar a mi casa que es una zona de desastre.

Mi corazón late a mil por hora, llevo dos días sin dormir nada, me acabo de acordar que mañana sábado voy a comer con mi hermano y su esposa, ya me entró angustia, no quiero que me vea destruida como las últimas veces que nos hemos visto ya hasta pena me da y ni modo de cancelarle.

Noto un poco raro a mi hermano, como distante, no me siento cómoda con ellos, siento que algo saben y no me quieren decir, seguro algo pasa con mis papás, esto está muy raro. También puede ser que como siempre traigo cola que me pisen me entra la paranoia por cualquier cosita, pero igual mejor me quedo con la boca cerrada y no pregunto nada, no vaya a ser que a ellos también les dé por preguntar y mi cabeza no está como para echar a andar la fábrica de mentiras.

Después de comer nos vamos a su casa a ver una película, yo no quiero ir pero me da pena decirles que no, y a media película me levanto y me pido un taxi, me urge llegar a mi casa, traigo una ansiedad marca diablo siento hasta miedo y no sé por qué.

Por lo pronto hoy no voy a salir, si acaso le daré unas inhaladas al popper, me fumaré un churro y a dormir.

me dice mi papá con cara de muerto. ¿Andanzas, cuál de todas? Lo único que puedo hacer es quedarme callada, no la vaya yo a regar, no tengo idea de lo que me están hablando, la sangre se me va a los pies, las orejas me hierven como cuando me cachan una mentira y hoy definitivamente en algo me cacharon, pero ¿en qué? Mi hermano está sentado junto a mí,

escucho que empieza a llorar muy quedito, y en eso se aparece en mi cabeza un letrero enorme que dice: **Ya valió madres**, ya valió madres es en lo único que puedo pensar. Escucho hablar a mi papá pero no puedo ponerle atención, estoy demasiado aturdida, traigo una banda de guerra tocando adentro de mi cabeza, sólo alcanzo a entender que mi hermano les empezó a preguntar a mis amigos cosas de mí porque me veía muy rara, y que están muy preocupados porque me drogo y bebo demasiado. ¿Pero qué tanto sabrán? Pienso que a lo mejor todavía me puedo salvar de esta, aunque veo que va muy en serio: "Te vamos a llevar a una clínica que se llama Monte Fénix", dice mi mamá sin poder contener el llanto, "ahí vas a estar muy bien con niñas igual que tú". ¿Niñas igual que yo, a qué se referirá? Finalmente me toca el turno para hablar, estoy pasmada, me desarmaron completamente. Quizá ahora ellos me están dando la salida, me están dando la mano que yo no sabía cómo pedir, pero ¿qué hago? Ni modo que les acepte aquí mismo que sí me meto drogas, sin embargo veo tanta tristeza en sus ojos que mejor doblo las manos, no puedo mantener más la mentira. "Sí estoy muy mal, y no sabía cómo decírselos, gracias por hacer esto, cuándo nos vamos". Salgo sin resistencia, ni gritos, y estoy tan tensa que no puedo llorar, así que también sin llanto. Cuando me subo al coche con ellos me empieza a entrar un coraje extraño contra el mundo entero, todo fue tan rápido que no lo puedo asimilar, por qué me está pasando esto a mí, más bien no creo que me esté pasando a mí, estas cosas nada más pasan en las películas o en los sueños. Dentro de un ratito voy a despertar. Claro, despierto cuando estoy firmando mi ingreso en la clínica, esto no es más que la puritita realidad.

"¿Qué sustancias consumías?", me pregunta enfrente de mis papás la persona que me recibe en la clínica, estamos en una oficina sentados, sigo en shock con el cerebro en función de pausa, trato de contestar la pregunta: "este..." me aclaro la garganta "este... alcohol y mota más o menos seguido... este... y hace mucho tiempo me metía cocaína", no puedo más que mentir, les evado la mirada y se hace una pausa interminable. "¿Has pensado en el suicidio?", carajo, qué contesto ni modo que lo diga enfrente de mis papás, "este...no, nunca he pensado en el suicidio". Ya quiero que se acabe esto, quiero que se vayan no soporto más este sentimiento de culpa, esta rabia con ellos y con el mundo entero, ya que me encierren de una buena vez.

Nos quedamos los cuatro solos para despedirnos, lloran sin parar, me abrazan y se me salen unas lágrimas, pero ¿a quién quiero engañar? Esas lagrimitas de arrepentimiento que alguna vez funcionaron ahora no sirven para nada, estoy atrapada y ni siquiera con ganas de luchar para zafarme que es lo peor. Estoy consciente de que me están salvando la vida; sin embargo lo que quiero es gritarles a la cara que lo que me están haciendo es una PUTADA. ¿Quién les dijo que quiero vivir?

Me llevan a la unidad médica, ahí me recibe una enfermera que me lleva a un cuarto como de hospital, me da una bata para que me la ponga, supongo que tienen que revisar mi ropa, yo hago caso, total no traigo nada y aunque trajera ¿verdad? La enfermera sale con la ropa y mi maleta después de hacerme varias preguntas, que qué consumo, desde hace cuánto tiempo, etc..., datos que ya ni me acuerdo y con la mente nublada que traigo. menos. Me quedo sola, sola con mi conciencia podrida, me entran unas ganas terribles de llorar, me entierro las uñas en los brazos con mucha fuerza, sigo sin poder creer lo que está pasando, ¿cómo puede pasarme esto a mí? ¿Qué carajos voy a hacer ahora? Mi hermano tiene que a ir a mi casa a traerme más ropa y va a ver un bote lleno de mota que dejé encima de la mesa, tengo pastillas escondidas por toda la casa, todo está hecho un desmadre. ¿Y si me esculca mis cosas? Qué vergüenza, mejor no pienso en eso. Me meto dentro de la cama me tapo hasta la cabeza, pienso en mis papás, desde cuándo sabrán que ando metida en las drogas, quizá unas semanas o hasta meses, carajo cómo no me di cuenta de lo que estaba pasando. Supongo que primero notaron que algo no estaba bien conmigo, después mi hermano se puso a preguntarle a mis amigos, yo creo que nunca pensaron que algo así podría sucederles **y menos a ellos**. Después de tantos años de estar ocultando la verdad, debieron de haber sufrido una pena muy grande en cuanto fueron atando cabos de las mentiras que

les echaba, una tristeza muy profunda cuando se dieron cuenta de por qué yo ya nunca participaba en las conversaciones, pues claro no tenía nada de qué hablar con ellos, y luego mis "inexplicables" dolores de cabeza, mi baja de peso tan repentina y sobre todo la sombra que siempre cubre mis ojos. A lo mejor se están culpando por no haber hecho algo antes, pero pues igual ni sabían; yo creo que ni siquiera han visto una droga en vivo y a todo color, mucho menos van a saber cómo se ve una persona que está drogada y aún más difícil creer que su propia hija se la ha pasado hasta la madre más de la mitad de su vida. Me vuelve el coraje de pensar en el daño que les estoy haciendo, me quiero cortar el brazo, no encuentro con qué y me vuelvo a enterrar las uñas con más fuerza que antes. No puede ser que haya sido tan estúpida de dejarme atrapar, mejor hubiera sido que mi familia nunca se enterara de esto. Entra la doctora y me hace las mismas preguntas que la enfermera, yo contesto desesperada, intolerada me le quiero aventar a los golpes pero me contengo, aprieto los dientes tan fuerte que me duelen las encías, quiero correr, salir de aquí.

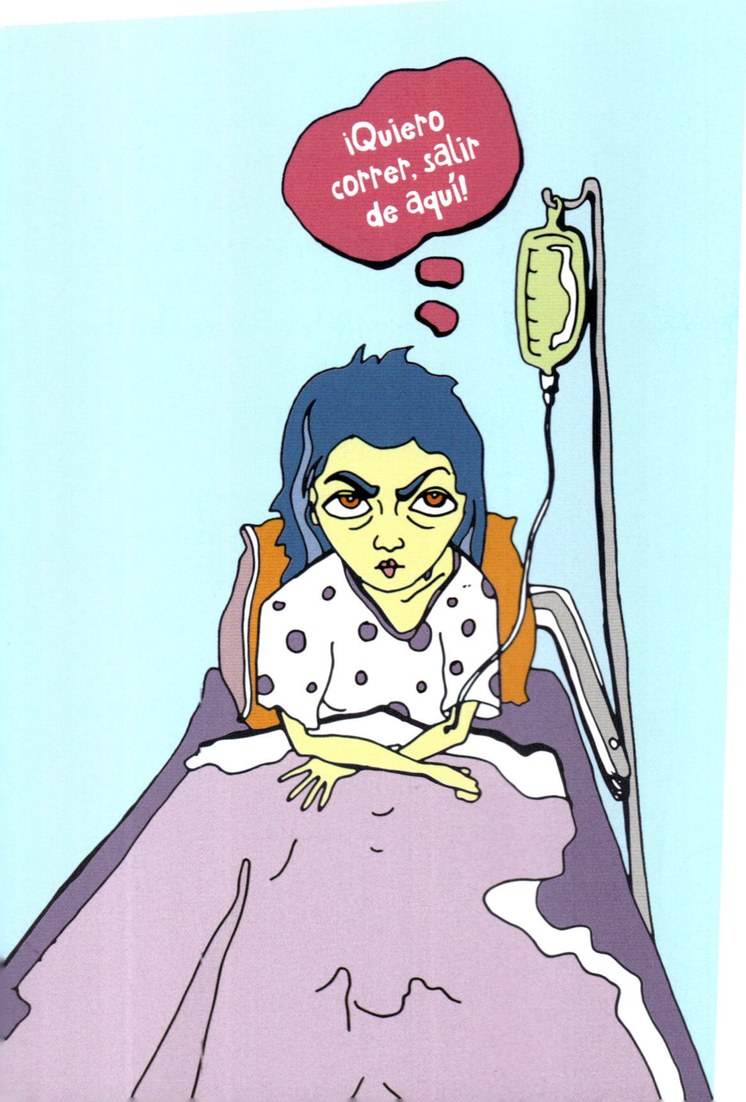

No escucho nada allá afuera, muero por fumar un cigarro, tengo miedo de salir, tengo miedo de todo, me asomo y veo a las enfermeras, les pido mi ropa, me visto y salgo. Me siento en una banca junto a un jardincito a fumar y a seguir insultándome en silencio, con la cabeza baja y la mirada totalmente perdida en el piso. Veo unos tenis junto a mi, levanto la vista, "te acaban de meter ¿verdad?", me pregunta el cuate éste de los tenis que ni conozco y con el cual no tengo el más mínimo interés de hablar, de hecho no quiero hablar con nadie, ni socializar NI NADA. "Sí, hace un par de horas, y tú qué ¿también?" Ni modo no me queda otra más que hacerle plática, o me la llevo leve o me va a chupar la bruja no hay duda. Empiezo a ver que sale gente de un salón, se nos acerca un señor muy amable pero no parece doctor, "hola, bienvenidos, no se preocupen aquí estamos lo mejor de cada familia", nos dice con una gran sonrisa, su chiste me da risa y aliviana un poco la tensión y el maldito coraje que traigo. Se acercan unas personas a saludarme, han de ser internos yo creo, parecen estar muy contentos, cada uno me va dando la mano diciendo su nombre, su actitud es reconfortan-te, siento como si ya nos conociéramos.

Me llevan al comedor para cenar, no tengo nada de hambre pero igual voy, "¿qué te metes?" me pregunta el que está sentado junto a mí, "de todo, le entro a la canasta básica", respondo cortante con un nudo en la garganta espantoso que no me deja hablar.

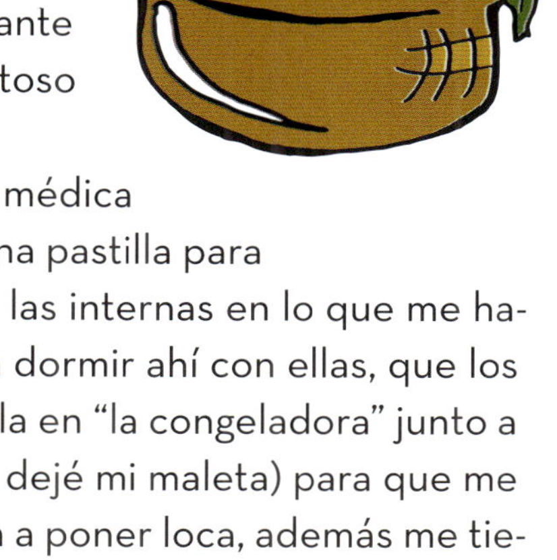

Acaba la cena, paso a la unidad médica para que me den un ansiolítico y una pastilla para dormir, subo a los dormitorios con las internas en lo que me hacen efecto. Me dicen que no voy a dormir ahí con ellas, que los primeros días tengo que dormir sola en "la congeladora" junto a la unidad médica (el cuarto donde dejé mi maleta) para que me tengan en observación, no me vaya a poner loca, además me tienen que hacer análisis del Sida y otras cosas. Ufff del Sida, nombre nomás eso falta, pobres de mis papás, aunque mejor sería que me muriera por pendeja.

¿Qué haría si tuviera Sida? Me iría a Ámsterdam o a un lugar lejos a meterme todas las drogas que no he probado, y ya cuando estuviera muy enferma me inyectaría una sobredosis de heroína, morir en el "viaje", eso es lo que haría.

Mis compañeras me dan el tour por el dormitorio, hay tres recámaras grandes con cuatro camas cada una o algo así, una sala con televisión, cuarto de lavado, los baños son grandes con regaderas individuales, está padre, la verdad no sabía qué esperar. Nos sentamos en la mesa donde se hace la tarea, volteo al techo para ver si no hay cámaras o micrófonos, no sé por qué siento que nos están vigilando, sería ridículo pero eso siento,

ellas me dicen riendo que no, que no hay nada. Les cuento cómo es que llegué aquí, nos reímos un poco, me cayeron muy bien, algunas son señoras y otras chavas como yo o hasta más chicas, en total seremos como ocho mujeres, más las que se acumulen. ¡¡¡**Ay!!!** Ya siento que me está pegando la pastilla, ¡¡¡**WOW!!!** mi último viaje, "me voy a dormir" les comunico a mis compañeras ya con los ojos bien cruzados, no puedo ni caminar derechita.

Pues bueno, mañana será otro día, de inicio me tengo que despertar a las 6:30 am para la gimnasia y luego a ver qué me depara. La verdad ahorita no estoy como para ponerme mis moños, haciendo cuentas tendré que estar aquí 38 días si no es que más, así que mejor será hacer lo que se me dice, sólo espero que me den muchas pastillitas de estas que ponen de buen humor.

El lugar está padre, los espacios son muy amplios, hasta hay alberca y plantas por todos lados, nunca me imaginé que una clínica fuera así, al menos no se ven así en las películas. Pensé que sería como los manicomios todo encerrado en un mismo edificio con luz blanca que pone cara de loco a cualquiera, pero no es así, se me figura como un hotel, las salas de terapia son súper cómodas, el lugar de verdad es enorme y sobre todo tiene buena vibra. Por lo menos me vinieron a encerrar a un lugar bonito.

Yo insisto en que hay cámaras que nos vigilan aunque ya me dijo todo mundo que no hay nada, ¿será paranoia?

O demasiada televisión… quién sabe, el caso es que siento como si estuviera encerrada en la casa de Big Brother o algo así chistoso. Más bien yo creo que no me cae bien el veinte de que estoy aquí, todo ha sido tan rápido, además la pastilla que me dan me tiene medio apendejada, tengo sueño todo el tiempo, como que quiero dormir todas las horas que no he dormido en años y años, pero me dicen que tengo que estar despierta y cubrir todas las actividades del día aunque ande como zombie. Me leen el reglamento que hay que seguir, se supone que a las tres faltas te dan lo que llaman las "24 horas" para que uno entre en razón y después la expulsión. Odio las reglas pero por lo menos ya sé que rompiéndolas me puedo largar de aquí.

Estamos en la junta de Alcohólicos Anónimos para mujeres, los jueves nos bajan a un salón fuera de la clínica, pero dentro del mismo terreno, éste es el primer jueves que yo bajo. Es un grupo que se abrió para que las mujeres de la clínica y de afuera tratemos temas que no es conveniente tratarlos en una junto con hombres. Apenas me dan tribuna para hablar comienzo a chillar como niñita. "Hola… me llamo Regina" hago una pausa, me dan muchas ganas de llorar, no me quiero quebrar pero no me puedo contener, "soy alcohólica y adicta" me privo al escuchar esas palabras que salen de mi boca, veo cómo las demás me ven con cara de ternura y más ganas me dan de llorar.

"Entré a la clínica hace dos días, traigo mucha culpa y no sé cómo quitármela" les alcanzo a decir, como mejor me doy a entender, no sé qué más decir, lo único que quiero es que alguien me abrace, me siento tan vulnerable. Está lloviendo y hace mucho frío, tengo una sensación en el cuerpo como de escalofrío muy rara. Acabo de hablar, después pasa una chavita que no se ve que tenga más de veinte años, ella no está internada pero lo estuvo unos meses antes, muy simpática de mucho humor negro, como que me identifico con ella, no puedo parar de reír, mis compañeras han de decir que estoy loca, río y lloro de un segundo a otro y no lo puedo evitar. Otra chava habla de cómo vive su vida en la sociedad siendo alcohólica, la verdad no entiendo bien qué es lo que dice, usa palabras que no me suenan y luego con lo mensa que ando pues menos. Sin embargo me puedo dar cuenta, por lo que platica, que la vida siendo adicta (mujer) no está nada fácil, la sociedad te pone el dedo y no lo te lo quita, quién sabe qué va a ser de mí cuando salga de la clínica con la famita que me he hecho, pero de algo sí estoy segura, peor que como estaba ya no puedo estar.

Problemas médicos

- Trastornos gastrointestinales.
- Disfunción hepática.
- Problemas respiratorios.
- Depresión.
- Alteraciones en el sueño.
- Trastornos en la alimentación.

- Ideación suicida.
- Trastornos sexuales.
- Ansiedad.
- Hipertensión arterial.
- Esquizofrenia.
- Psicosis.

Consecuencias de la Adicción

Problemas emocionales/espirituales

- Ausencia de proyecto de vida.
- Sentimientos desagradables permanentes.
- Rigidez.
- Desconfianza.
- Duelos no resueltos.
- Vacío interior.

- Resentimientos.
- Falta de sentido a la vida.
- Ideas y/o intentos de suicidio.
- Concepto pobre de sí mismo.

Problemas sociales

- Aislamiento.
- Desconfianza.
- Violencia.
- Dependencia a relaciones interpersonales.
- Problemas con autoridades.
- Pérdida de amigos no adictos.

Problemas laborales y escolares

- Ausentismo laboral y escolar.
- Incumplimiento de horarios establecidos.
- Desinterés en las actividades.
- Tareas realizadas inadecuadamente.
- Deserción.
- Confrontaciones con la autoridad.
- Despidos.
- Abuso de confianza.
- Cambios constantes de trabajos.
- Cambios constantes de escuela.
- Expulsión de escuela.
- Repetir años escolares.

Problemas económicos

- Pagar "deudas" (multas de tránsito, seguros de auto, gastos médicos por daños físicos, devolver objetos o dinero a terceras personas).
- Pérdida de la calidad de vida "acostumbrada".
- Robos.
- Fraudes.

Es muy raro pero por primera vez en mi vida tengo la sensación de que pertenezco a un grupo de personas, en la clínica somos como veinte internos hombres y mujeres de distintas edades, creencias, cada uno con historias diferentes, sin embargo existe un puente de comprensión que nos conecta a unos con otros. Cada que escucho a alguien hablar de su vida, no importa quién sea, con algo me identifico de su historia, hasta siento que ya lo conocía desde antes y jamás lo había visto, repito, muy raro. Muchas veces pienso que alguien le dijo a estos güeyes quién era yo, porque parece como si supieran mi vida entera, pero obvio no es así, lo que pasa es que todos hemos pasado por las mismas cosas, al menos en lo que a las emociones se refiere, ha de ser por eso que todos se me hacen conocidos, creo yo.

CAPÍTULO 12
Pasando
ACEITE

 evo

cinco días aquí y me siento de la reverenda chingada, ya me quitaron la pastillita y *ando girando en un tacón*, todo el día ando muy ansiosa, la abstinencia me persigue y ya me está alcanzando, sudo toda la noche, tengo que cambiar de lado la almohada, las sábanas quedan empapadas, me cuesta muchísimo trabajo dormir y cuando lo consigo hasta miedo me da porque que se me sube el muerto, y es que dormida de pronto siento algo muy fuerte que me presiona el cuerpo y no me deja respirar, se siente como si tuviera a una persona acostada encima de mí (el muerto). Ya entiendo qué fue lo que me pasó en Europa cuando dejé la cocaína, sentía que me moría pero por lo menos en ese entonces me podía emborrachar y ahora nada de nada. No sé qué voy hacer, lo que daría por fumarme un churrito, aunque fuera una fumadita ya con eso me conformo.

No puedo aceptar mi realidad de plano no puedo, estoy sumamente **encabronada** y así lo grito para que lo escuchen todos,
me vale madres. Me quiero rapar, andar pelona como símbolo
de mi coraje y no me dejan, dicen que son conductas adictivas, si
me rapo me corren de la clínica, ¿qué haré? De veras tengo muchas ganas pero con esa consecuencia me la pienso dos veces la
verdad. Lo que me ayuda a sacar el coraje es jugar frontón con
mis compañeros, si no lo saco hablando por lo menos lo saco a
raquetazos y me divierto mucho, sólo espero que quieran seguir
jugando conmigo porque siempre les pongo unas madrizas que
se quedan bien ardidos, aunque también ellos se divierten. Me
salta la necesidad de querer ser la mejor en todo, pero ¿para
qué?, ¿qué es lo que quiero mostrar?... puta madre no lo entiendo, pienso que esa actitud de estar aparentando todo el tiempo
que quiero destacar, en gran parte ha sido la causa de lo que me
trajo hasta aquí, ya no sé, estoy hecha bolas, no se puede quedar bien con todo el mundo y yo todavía quiero pretender que
sí y lo único que quiero es que la gente me acepte y me quiera.

Mi terapeuta se llama Dolores, es buenísima onda y me tiene mucha paciencia qué bárbara, ella me dice que todo eso que me pasa en las noches son reacciones normales de mi cuerpo por la desintoxicación, lo que yo entiendo es que mi mente y mi cuerpo están haciendo una huelga y están decididos a hacerme sufrir por atascada.

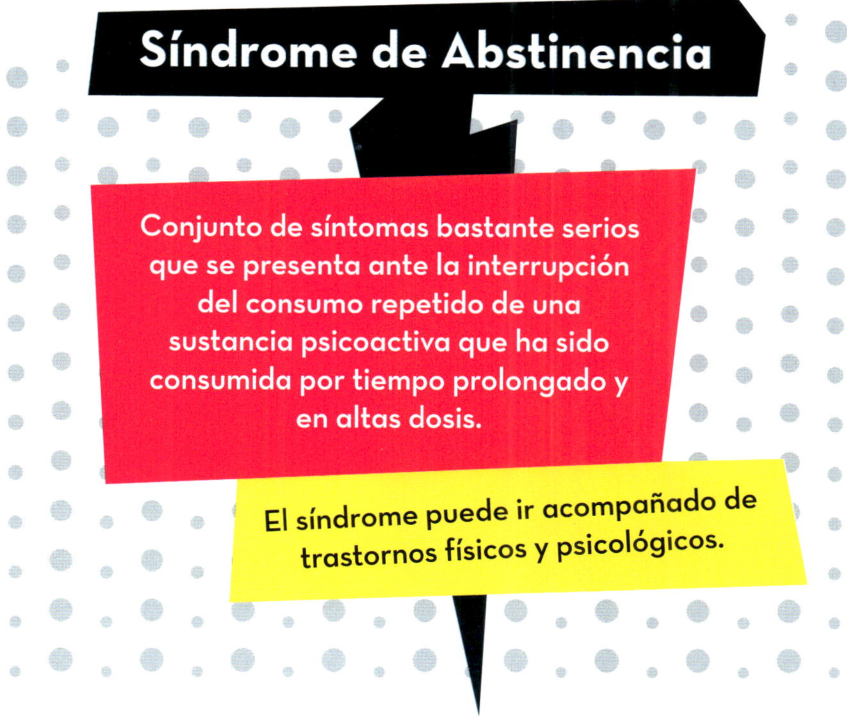

Todas las mañanas tenemos terapia de grupo, ahí compartimos cómo nos sentimos, nuestra experiencia o lo que se nos ocurra, después hay retroalimentación de los mismos compañeros y Dolores nos guía para que podamos identificar el origen de nuestras emociones. A veces pienso que estoy en el Kindergarden donde me enseñan qué son las cosas que siento. Tengo que aprender a sentir, llevo muchos años pensando chueco y mi inmadurez emocional está grave, efectivamente soy una mocosa que va al Kinder, caprichosa y berrinchuda.

Definición del DSMIV
(Manual Diagnóstico y Estadístico de Trastornos Mentales)

> Un patrón desadaptativo de consumo de la sustancia conlleva un deterioro o malestar significativo, expresado por tres o más de los siguientes aspectos en algún momento dentro un periodo continuo de doce meses.

Tolerancia:

1

- Necesidad de consumir cantidades crecientes de sustancia para conseguir el primer efecto experimentado.
- Disminución de efecto de las mismas cantidades de sustancia en el consumo continuado.

Síndrome de abstinencia:

2

- Característico para cada sustancia.
- Consumo de la misma sustancia para aliviar o evitar síntomas de la supresión.

Deseo persistente por controlar o interrumpir

3

el consumo de la sustancia.

Se emplea mucho tiempo

4

en actividades relacionadas con obtener la sustancia.

Se reducen las actividades recreativas, sociales y laborales

5

debido al consumo de la sustancia.

Uso continuo de la sustancia

6

a pesar de que se tiene conciencia de los problemas que son causados o exacerbados por el consumo de la sustancia.

Descubro sentimientos que jamás había experimentado, más bien quizá sí los había tenido pero no sabía qué nombre tenían. Aquí todo el mundo pregunta "¿cómo estás?" yo siempre

contesto "bien", y la respuesta es "¿qué es bien?", o sea a fuer-za hacen que identifique cómo carambas me siento. Dicen que al contestar nada más "bien" no doy entrada para que se dé un puente de comunicación con la otra persona, sin lugar a dudas: la historia de mi vida, siempre he respon-dido el famoso "bien" así no sea cierto, con el fin de no dar entrada a más preguntas.

Nunca hablo de lo que siento, al contrario, hablo de los eventos así como muy espectaculares para evitar hablar de lo que me duele en realidad, aquí eso tiene que cambiar, repiten mucho esta frasecita "Si te enfermaste por la boca te curas por la boca". Me duele tener que recordar y hablar de las cosas que hice, sé que no puedo regresar el tiempo y aquí me dicen que no soy culpable sino responsable de todas esas cosas, responsable de mi enfermedad; sin embargo la culpa que traigo anclada en el pecho no me la quita nadie.

En terapia con Dolores poco a poco me atrevo a hablar de asuntos que jamás pensé hablar con nadie, siento mucha vergüenza, he cargado toda mi vida con un costal de piedras y creo que nunca había hecho conciencia de él. Ahora puedo ver que la culpa me fue quebrando el alma sin darme cuenta, porque las drogas me anestesiaron por completo durante muchos años. ¿Qué voy a hacer ahora que ya no me puedo drogar? Creo que no voy a salir de ésta, no quiero dejar las drogas, no quiero, no puedo.

Mi amiga Alicia sale mañana (viernes es el día de salida), nos quedamos platicando muertas de risa Berta, Ángela, ella y yo. Ellas son más grandes, pero nos hemos hecho muy buenas amigas. La enfermera sube a decirnos que ya tenemos que dormir, aquí se apagan las luces a las 11:00 pm, pero nosotras no hacemos caso. En las noches es el tiempo en que nos relajamos de toda nuestra carga y comienzan las carcajadas a más no poder imaginándonos cómo sería si nos hubiéramos conocido en la borrachera. Poco a poco se van retirando a dormir, primero Berta, luego Ángela con la debida amenaza para mí de que no me ría tanto porque no las dejo dormir. Alicia es la primera de mis amigas que se va de la clínica, compartimos muchos secretos, lloramos y nos juramos amistad para toda la vida. Sin querer nos dan las 4:30 de la madrugada platicando, es impresionante el grado de intimidad al que pueden llegar dos personas que comparten

el mismo mal y más estando encerradas. De verdad me siento muy afortunada de haberla conocido, ojalá y sí continúe nuestra amistad allá afuera. A Alicia se le cierran los ojos y a mí también pero no quiero dormir, hay veces que me da miedo. Cuando me metía tachas nomás no podía cerrar los ojos, como si al dormir me fuera a pasar algo malo, igual ahorita siento mucha angustia, pero creo que me invade más el sentimiento de tristeza que otra cosa, me gustaría salirme con ella, pero no se puede, me frustra tener que quedarme aquí.

Sábado, UFFFFFFFF hoy vienen mis papás y mi hermano a la visita familiar, no los veo desde que estoy aquí hace semana y media, bueno sólo los vi un día rápido en una terapia, pero no platicamos nada. Tengo muchos sentimientos encontrados, no sé si los quiero ver, por un lado se me cae la cara de vergüenza y por otro sigo súper enojada con ellos por haberme encerrado. Además traigo el coraje acumulado porque aquí adentro trato de aparentar que soy la más agradecida con la vida y con ellos, cuando en realidad lo que pienso todo el santo día es en cómo me voy a romper el hocico cuando salga, y traer la máscara de paciente modelo, me produce más coraje todavía.

Me abrazan muy fuerte, de alguna manera me da tranquilidad que me saluden con tanto amor, me quita tantita culpa. Les doy un tour por la clínica, parece que los estoy recibiendo en mi casa, como que quiero quedar muy bien con ellos. Nos sentamos junto a la alberca en una mesa del jardín a platicar, por supuesto que lo único que se me ocurre es hacer chistes para liberar la tensión y ellos me siguen la corriente, es lo bueno de tener una familia simpática, me río mucho aun en esta situación. Les platico cómo es la vida aquí adentro, que por fin estoy haciendo ejercicio, voy al gimnasio en las mañanas y en la tarde juego frontón; cualquier cosa con tal de no caer en un silencio incómodo que los haga hacer preguntas que luego no voy a saber ni cómo responder. Algo sí me queda muy claro, no quiero seguir mintiendo, me gustaría arrancarme la doble vida que he llevado por tantos años y no volver a saber de ella jamás. No voy a mentir ni siquiera para proteger a mis papás de la verdad, así que será mejor que no pregunten si no quieren saber.

Tengo una duda que no me deja estar en paz, me pregunto si mi mamá ya le dijo algo a mi abuela, me entra un sentimiento de culpa doble, espantoso, no dejo de pensar en eso desde que entré aquí pero me da miedo preguntar. Voy con mis compañeras, les platico la situación y no puedo más que llorar, seguro mi abuela se decepcionará de mí por completo, cómo le voy a dar la cara, nada más de pensar en el dolor que esto le puede provocar se me revuelve el estómago. Obviamente no se puede tapar el sol con un dedo, para estos días mi mamá ya le habrá dicho. Berta me abraza y me consuela un poco, me asegura que mi abuela lo va entender porque me adora. Carajo me quiero aventar contra una pared, arrancar el pelo, cortarme los brazos, lo que sea que me aparte la mente de ésta culpa de mierda.

Estoy engordando horrible, por más ejercicio que hago sigo subiendo de peso y no puedo dejar de comer por la ansiedad, con miedo me subo a la báscula, empujo con el dedo la pesita de metal hasta que se nivela, cincuenta y nueve kilos puta madre y apenas llevo dos semanas y media aquí, me dicen que es normal que suba de peso. Estoy comiendo lo que no he comido en años, pero no entienden que para mí estar gorda es lo peor que me puede pasar, me desespero porque no puedo hacer nada al respecto. Por las noches, cuando no puedo dormir me pongo a imaginar la estrategia para meter algo de droga aquí a la clínica para que me quite el hambre. Ojalá mi familia fuera lo suficientemente codependiente para convencerlos de que me trajeran un gramito de cocaína, que ilusa, por supuesto que no me lo traerían nunca, el simple hecho de pedirlo les rompería el corazón... más. Pero y yo ¿qué voy hacer? No quiero estar gorda y no lo puedo evitar, mi cuerpo da de sí y mis jeans gritan **"NO"**. De pronto siento que aquí nadie parece entenderme, o será que aquí no puedo hacer mi santa voluntad, quiero que me pongan una dieta especial, pero quizá lo que debería hacer es cerrar el pico y dejar de comer tanto pan, pero el ansia me gana muy cañón.

No tengo Sida, pffff, como que no me cae el veinte, algo me decía que mis exámenes iban a salir bien, pero no sé, la verdad no sé qué pensar, estoy confundida, no entiendo cómo puedo estar sana, creo que ni los doctores lo pueden creer. Pienso en Dios, nunca he creído en él, yo soy como Santo Tomás "hasta no ver no creer"; sin embargo algo me dice que lo tengo en mis narices y yo ni en cuenta. Estoy reacia a la idea de que verdaderamente existe Dios, pero es que no puede ser que esté viva, algo más fuerte que yo debe haber para hacerlo posible. Siempre he pensado que yo soy la que decide mi propia suerte, pero con estos eventos la verdad ya lo dudo mucho. Me busqué la muerte por todos lados y con muchas ganas, lo que me hace pensar que los resultados de las cosas nunca han estado en mis manos,

Girando en un tacón
¿Dios?
¡Estoy gordísima!
¿Mi abuela sabe que estoy aquí?
No tengo Sida

si no sí me hubiera muerto, de eso estoy segura y cuando las cosas han resultado como he querido es porque mi voluntad coincide con la de Dios, ¿Dios? Aquí me hablan de la importancia de tener un Poder Superior, algo de qué agarrarse, pero la verdad yo primero me quiero asegurar de que no sea ninguna religión ni nada de esas cosas. Tener un Poder Superior, Dios o como sea, no es mala idea, finalmente de algo me tendré que agarrar a la hora que me den ganas de romperme la madre allá afuera. Ah sí, dicen que sólo un Poder Superior a mi podrá quitarme la obsesión de consumir... ¿será?

Una parte del tratamiento que recibo aquí, es la inducción al programa de los doce pasos de Alcohólicos Anónimos. Nos explican cómo son los pasos y cómo se deben seguir, la historia de quién inició el programa, aparte tenemos que leer literatura y hacer tareas que a mí me cuesta mucho trabajo porque no entiendo un carajo, bueno ni siquiera puedo leer de corridito porque no se me pega nada. Sólo entiendo que el primer paso es admitir una derrota total ante las drogas y el alcohol; lo que significa que perdí la batalla, no podré consumir nada de nada por el resto de mi vida, perdí y yo no sé perder así que es peor todavía. Es una derrota triste y muy dolorosa, no concibo mi existencia en un plano real, normal; sin embargo no me va a quedar de otra más que afrontarla.

Diariamente los internos (sin terapeutas) tenemos nuestra junta de AA, quien pide tribuna puede hablar de lo que le dé su regalada gana, entiendo que son para que nos desahoguemos de nuestros problemas y empecemos a trabajar el programa de los doce pasos; pero mucho más importante son para que nos reflejemos con las historias de los demás y aprendamos de éstas, eso me ayuda muchísimo a resolver mis propios problemas. Escucho y leo palabras como "soberbia", híjole cómo me enoja que me digan que soy una soberbia cuando según yo soy la persona más humilde del mundo. Bueno con eso de que aquí me dicen

Espiritualidad
Humildad
Soberbia
Egocentrismo
Deshonestidad
AA

Hoy tengo encuentro familiar con la terapeuta, me quiero morir, traigo una gastritis que casi no puedo ni mantenerme de pie, vienen mis papás a decirme las consecuencias que les provocó mi drogadicción.

Me dicen cómo les afectó todo mi numerito, lo bueno es que no lo vivieron tan de cerquita, digo por lo menos nunca me robé la televisión de su casa.

Me dicen que los lastima mucho darse cuenta de la verdad, que los engañé muchos años, pero por favor lo hice para su bien, toda la vida les he hecho creer que tienen la hija más feliz del mundo cuando no es así.

Quiero que se den cuenta de lo estresante que ha sido mantener esa máscara, de lo doloroso que

Pero caigo en cuenta que sí les robé, les iba a llorar para que me prestaran lana para pagar mi renta y yo me la tronaba en cocaína y por si fuera poco les robé el sueño y la tranquilidad cuando me largué de su casa con pretextos que ni yo me creí, no lo quiero aceptar, pero eso es robar, ser mentirosa, manipuladora y un sin fin de cosas más.

es para mi saber que nunca he llenado sus expectativas y que por eso me mantenía aislada emocionalmente de ellos. Tengo muchísimo coraje, creen que esto tiene que ver con ellos cuando a la que se la está cargando la chingada es a mí.

Mi hermano me dice que está resentido conmigo por las cosas tan horribles que le decía, y la verdad sí hubo una época en la que lo quería asesinar, lo trataba muy mal, le gritaba que era un mierda que lo odiaba y que quería que se muriera. Luego me ponía unas borracheras espantosas y lo dejaba en completo ridículo con todos sus amigos; yo ni cuenta que eso lo había lastimado tanto.

Entiendo el dolor que deben sentir por tener a una hija y una hermana drogadicta, no debe ser nada fácil de pronto verse en esta situación, al igual que yo son responsables y me lo hacen saber con mucho pesar. Janet nuestra terapeuta familiar nos explica que la familia también se enferma, y vaya que todos estamos medio tocadiscos: yo soy adicta a las drogas y ellos son adictos a mí, está cañón.

Pero algo me dice que vamos a salir de ésta todos juntos, de eso estoy segurísima, aunque sí, no dejo de ver que nos va a costar trabajo restaurar nuestra relación.

Existen muchos resentimientos entre nosotros, asuntos que nunca se han hablado y por lo mismo los hemos dejado pasar a lo largo de nuestras vidas. Siempre ha sido mejor no abrir la boca para evitar problemas. Caemos en cuenta los cuatro que los problemas quizá sólo se evitaron en el momento; sin embargo se fueron acumulando hasta que tarde o temprano acabaron por alcanzarnos y ahora hay que enfrentarlos con valor, voluntad y con lo que se pueda.

Tener buena voluntad, esa es la clave de todo esto, alguien aquí me dijo que los adictos no tenemos fuerza de voluntad y que la única manera de salir del atolladero es teniendo buena voluntad, hay una gran diferencia entre una y otra. No se puede controlar una enfermedad a base de fuerza de voluntad, pero si tenemos buena voluntad, facilitará mucho la comprensión de lo que se tiene que hacer.

La buena voluntad favorece el cambio, si hago memoria muchas veces traté de no consumir con fuerza de voluntad y eventualmente caía. Espero ahora con buena voluntad lograr el cambio que tengo que hacer para no volver a drogarme.

Nos despedimos con muchos besos, antes de irse mi mamá me dice que mi abuela ya sabe de todo este asunto, que me adora y nada más está esperando a que sea miércoles (mañana) para que le llame y me lo diga ella misma. Me quedo congelada con la noticia, me invade una alegría extraña, como si me hubieran quitado un peso de encima.

que pienso chueco, pfff yo me doy cuenta solita aunque no me lo digan, creo que porque no soy una niñita fresa que ve para abajo a la gente ya soy la persona más humilde de esta tierra, confundo el no ser sangrona con ser humilde. Veo que me falta mucho para poder entender de qué se trata realmente el programa, "humildad" y "espiritualidad" son palabras que aún me quedan muy grandes. Dicen que seguir el programa de los doce pasos allá afuera es lo que me va a ayudar mantenerme limpia sin consumir, digamos que es una nueva filosofía. Un programa espiritual de vida que tenemos que seguir los adictos para poder vivir bien sin tener que depender de las drogas, ya veré cómo me las arreglo para acabar de entender cómo está la onda.

Voy con Berta mi compañera de cuarto a contarle, uf nos matamos de la risa, me encanta platicar con ella, es una señora de 62 años y tenemos una empatía impresionante, no podemos hablar en plan serio porque nos gana la risa, es increíble poder reír tanto y sin marihuana de por medio.

Las cosas se van resolviendo poco a poco, eso me da tranquilidad, por fin tengo sueño, me voy a dormir. Mañana es día de llamada y le hablaré a mi abuela, qué felicidad y qué miedo al mismo tiempo, no tengo la más mínima idea de lo que me va a decir, pero igual ya no aguanto las ganas de escucharla y decirle que la quiero con todas mis fuerzas.

Tomo el teléfono, marco el número de mi abuela, escucho su voz, me invade un sentimiento indescriptible, se me salen las lagrimas, no sé si de alegría o tristeza, que ambivalencia caray. "Mi gorda, no he dejado de rezar por ti y Dios ya me dijo que vas a estar muy bien, eres muy lista y tienes que salir de esta, yo voy a estar siempre para ayudarte en lo que quieras, acuérdate que te amo", no puedo hablar del llanto tan ahogado, sólo le digo: "yo también Irma, voy a salir vas a ver".

Poco a poco entiendo de lo que se trata esta enfermedad, me caen veintes de por qué me he sentido vacía desde siempre, tengo un enfermedad física, mental y **emocional**. Junto con Dolores mi terapeuta descubro por qué he vivido aislada, sin vínculos emocionales que me unan a las personas, sufriendo porque la gente no me quiere como yo quiero y pretendiendo que me vale madres. Pienso que me van a hacer daño, pero no necesito de nadie para eso, yo solita tengo una enorme capacidad de autodestrucción. Es muy doloroso darme cuenta que llevo años luchando contra lo que no quiero y nunca por lo que sí. Peleando con un pasado que no puedo cambiar y caminando paso a paso hacia lo que me hace mal. Avergonzada de mi misma, de la persona que soy, más bien de la persona que creía ser. Ahora quizá no sepa quién soy, pero por lo menos ya no me doy pena. Soy responsable de todas las fregaderas que he hecho en mi vida, del dolor que le he causado a mi familia y a cuanta persona se me ha cruzado en el camino y creo que lo primero que tengo que hacer para resarcir el daño es recuperarme, dejar las drogas y esa vida de mentiras que he llevado por tantos años. ¿Cómo le voy hacer?...quién sabe, pero de que lo voy a lograr, de eso no hay duda, aunque sea "Solo por Hoy", como dicen aquí.

En una semana y media salgo de aquí, que se me hace que mejor pido trabajo y me quedo a vivir aquí dentro de la clínica, ja, obviamente esa opción sólo existe en mi cabeza, pero estaría padre. Tanto que me quejé por estar encerrada; sin embargo aquí me siento segura, contenida, cuidada, no sé con lo que me voy a encontrar allá afuera. Me contracturé la espalda y no puedo mover el cuello de tanta tensión, las confrontaciones aquí adentro están muy fuertes, no sé enfrentar las consecuencias de mis actos, mucho menos manejar tanta cosa. De pronto me desespero por la cuestión de mis papás, no sé si me vaya a regresar a vivir con ellos, me imagino que prefieren tenerme a la vista, sin embargo estoy consciente de que ellos tienen su onda y yo la mía, la verdad no creo encajar con ellos tan cerca. Prefiero construir nuestra relación desde mi casa, pero tomar la decisión está difícil, ya no quiero causar más problemas, siendo honesta me encanta mi casa y no la quiero dejar, quizá no tengo mucho pero lo que tengo es mío.

Por lo menos ya no veo las cosas tan negras, aunque todavía repelo un poco, ¿qué es eso de estar enferma de las emociones? Yo sí me siento una discapacitada emocional, incapaz de relacionarme de corazón con cualquier persona. Con la única persona que he podido estar tranquila sentada platicando sin estarme drogando todo el tiempo es con mi abuela. Tendré que hacer nuevos amigos, cambiar de vida, no puedo regresar a trabajar al restaurant, y me repito cada segundo:

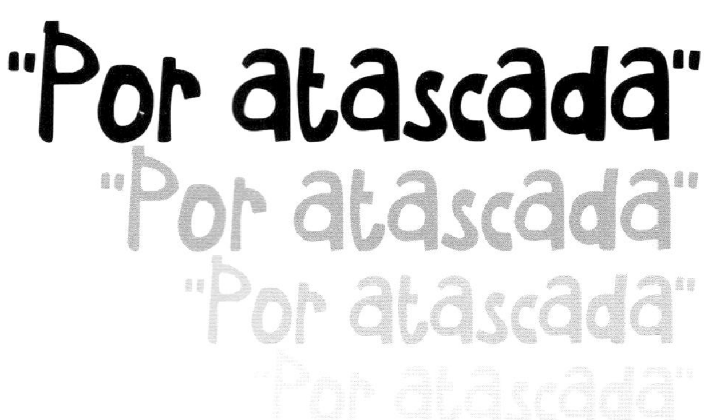

Mis amigas de aquí ya salieron, me quedo con las chavas nuevas, también son buena onda, digamos que trato de llevar la fiesta en paz. Con lo de la contractura del cuello ya no puedo jugar frontón, pero juego ping pong con mi amigo Sergio y con los demás internos, esa es la manera de convivir que se me da más fácil. No intimo con la gente, pretendo involucrarme pero la verdad me mantengo al margen de sus vidas y por supuesto que espero lo mismo de ellos. Es una manera muy solitaria de vivir, esa desolación y falta de pertenencia que he sentido toda la vida se debe mucho a eso, pero... ¿y ahora cómo le hago? Yo no quiero estar sola y nunca he querido obviamente, pero veo que siempre he hecho todo lo contrario para conseguir lo que quiero, es como caminar para atrás, gasto la misma energía y me alejo cada vez más de mi objetivo. Como cuando me drogaba, el objetivo era no sentir y cada vez me sentía peor, qué paradoja, mi nombre debería ser Regina alias "La Paradoja" o Regina alias "La que hace todo al revés", ése me queda mejor.

Una compañera dice algo muy cierto en la junta de Alcohólicos Anónimos, dice que es mejor agradecer que estar haciéndosela de tos todo el tiempo. Tiene razón, algo muy raro me pasa cuando agradezco, me invade cierta sensación de bienestar, el simple hecho de agradecer que estoy sana me regresa poco a poco las ganas de vivir y de querer salir adelante. Quizá todavía no sé a quién le estoy agradeciendo, si a Dios, a la vida o a la clínica, pero de que me aliviana mucho me aliviana.

Trato de concentrarme en mi salida, Dolores me deja de tarea hacer mi plan de vida, para que me ayude a tener estructura cuando salga. Nunca he sido estructurada, siento como si me metiera dentro de un corral, llámese calendario con fecha, hora y cosas que hacer; pero me dicen que es básico para mi recuperación que lleve una vida estructurada, haré lo mejor que pueda. También tengo que hacer una cosa que se llama "Cruz de sobriedad", es una cruz para nivelar el plan de vida, es decir cuatro brazos con una tarea cada uno:

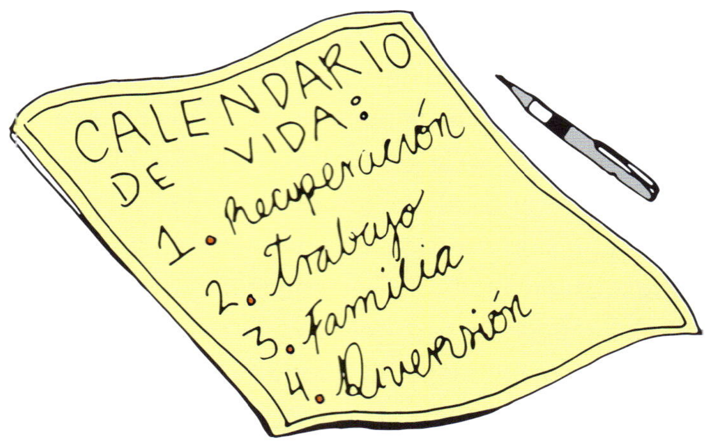

Obviamente le tengo que dar más prioridad a la recuperación por lo menos el primer año.

En mi plan de vida está incluido el hacer ejercicio en la mañana, luego ir a trabajar y en la noche asistir a mi junta de Alcohólicos Anónimos, esas tres actividades de cajón todos los días. Los miércoles venir a mi terapia de grupo con Dolores y los jueves a terapia de prevención de recaídas. De diversión aún no sé qué poner, para mí el concepto de diversión es estar hasta la madre todo el santo día, supongo que ir al cine estaría bien.

Perfecto, ya quedó mi plan de vida hecho en papel, ahora la cosa es cumplirlo y cambiar de vida.

Bueno más que un cambio de vida, yo le llamaría aprender a vivir, he estado ausente de mí desde los trece años y hoy tengo veintisiete, más de la mitad de mi vida. Sé que no será nada fácil pero estoy entusiasmada por ver qué va a pasar conmigo, me gustan los retos y creo que éste es el más grande de todos.

Evito pensar en los problemas que me esperan allá afuera, pero me es casi imposible. No tengo un centavo partido por la mitad, de la deuda en mi tarjeta de crédito no quiero ni acordarme, tengo que pedir dinero prestado que me choca, además de que ya le debo a no sé qué tanta gente. Lo bueno es que mi hermano ya me tiene dos citas de trabajo con unos amigos, una cosa menos de qué preocuparme por ahora.

Estoy muy ansiosa y todo lo somatizo en el cuerpo, la gastritis y la contractura de la espalda no se me alivian con nada. Además

el doctor dice que mis hormonas están vueltas locas por la desintoxicación y...

¡¡¡UF!!! tiene razón, cambios radicales de ánimo todo el tiempo, el cutis destrozado, he subido muchísimo de peso y ya el dolor de cabeza ni lo cuento porque ya es parte de mí. Por la ansiedad también de repente tengo alucinaciones, voy caminando y siento que alguien viene junto a mí, volteo y no hay nadie, ando toda ciscada.

Se me sigue subiendo el muerto en las noches y ya estoy harta. Juro que no me vuelvo a drogar con tal de no volver a pasar por esto.

Por fin tomo la decisión de irme a vivir a mi casa, mis papás me van a apoyar con una lana mientras encuentro trabajo y me estabilizo un poco. No los quiero defraudar, por supuesto que la idea de que me vaya a mi casa no les gusta nada; sin embargo me están apoyando, no tengo cómo agradecerles, igualmente a mi hermano. Ahora sí que se la rifaron muy grueso, también ellos tuvieron terapias y aunque no lo vi, me imagino que su proce-so fue muy duro y debo de reconocerlo. Me siento sumamente conmovida por todo el esfuerzo que han hecho por recuperarse ellos también; pero sobre todo por haber aguantado tanto. Mi hermano ya debe de haber ido a mi casa a sacar las drogas y el alcohol que estaban a la vista, cuando yo llegue sacaré lo demás, me da pena decirle que meta mano en los escondites, quién sabe qué se vaya a encontrar.

Viernes al fin, salgo de la clínica. Me despido de mis terapeutas, de las enfermeras que me aguantaron mis berrinches y de mis compañeros. Voy a extrañar estar aquí, pero ya tuve más que suficiente.

Muero por abrazar a mi abuela y decirle que la amo. Dormir en mi casa por fin. Quiero hablar con mis amiguitas con las que me reventaba, decirles que las cosas van a cambiar, no me da pena decir dónde estuve todos estos días y las que de verdad me quieren van a seguir siendo mis comadres, las que no, pues allá ellas.

Hoy tengo algo que jamás pensé tener,

¡GANAS DE VIVIR!

MEJOR NO EMPEZAR

Hace 15 años, al poco tiempo de haber salido de rehabilitación, me di cuenta de la enorme necesidad por comunicar a otros qué es la adicción, no sólo desde el punto de vista médico como enfermedad y sus consecuencias sino desde las emociones. Escribí este libro para platicar cómo me sentía y por qué tenía la sensación de no pertenecer a mi mundo; no entendía por qué me sentía así cuando aparentemente lo tenía todo: una familia que me quería, una escuela, amigas y amigos… y aun así seguía sintiéndome como bicho raro. Pensaba que nadie me iba a entender jamás y, por supuesto, que yo era la única persona en el mundo que se debía sentir así.

El objetivo de compartir mi historia es que te identifiques en las emociones y situaciones previas al consumo para que, en lugar de escoger la autodestrucción como salida inmediata, elijas hablar o pedir ayuda a quien consideres conveniente.

Consumir alcohol y otras drogas **SÍ** tiene consecuencias fatales incluso antes de llegar a la adicción.

No es necesario llegar al punto de no poder parar de consumir para tener secuelas que te marquen de forma negativa para toda la vida. Evitar a toda costa cruzar la frontera del consumo a la adicción es suficiente razón para no empezar.

Nunca sabrás cuál dosis (chupe, línea, toque, inhalada, calada o inyección) va a ser la que te haga atravesar la frontera del nunca más para no poder consumir de manera controlada, incluso cuando tu mente te esté repitiendo constantemente que sí puedes parar. Tu cabeza te puede decir que sí, pero una vez que empiezas tu cuerpo es quien no te deja detenerte entrando a "el círculo vicioso de la muerte".

Han pasado ya muchos años desde que escribí la historia que ahora te comparto en este libro y me puedo dar cuenta que la situación está aún peor. Muchas amigas y amigos de esa época ya no están aquí para contarlo debido a enfermedades y suicidios como consecuencia de sus adicciones; algunos otros simplemente han perdido la razón. Un par de ellos están en la cárcel por haber matado a otras personas en un accidente de coche y podría escribir otro libro nombrando a todas las personas que conozco que no han podido trascender su adicción y mencionar las consecuencias que han tenido por lo mismo.

Los que hemos podido parar de consumir tenemos que lidiar día a día con la enfermedad y desde luego mantenernos "limpios" (sin consumir nada de nada) por el resto de nuestras vidas si queremos seguir viviendo.

Nunca pensé que esas primeras veces en las que me fui topando con diversas drogas me iban a enganchar a tal grado de no poder parar.

Gracias a muchos factores yo lo pude hacer, pero soy de las muy pocas personas que lo han logrado.

Sólo por hoy.

La adicción es una enfermedad incurable, física y mental, y por eso, es mejor no empezar.

Girando en un Tacón

Regina
Triana
EVERYBODY MUST HAVE A FANTASY.

¿Quién es Regina Kuri?

= La escritora

Nació un 28 de febrero en la Ciudad de México. Estudió las carreras de Actuación e Historia del arte.

En el 2005 comienza sus estudios como Consejera en adicciones en el Centro de Estudios Superiores de Monte Fénix, se especializa en distintas áreas tales como Prevención, Intervención en crisis y Conductas de riesgo.

Es autora de los libros *Girando en un tacón* y *Ya aliviánate*, imparte conferencias y talleres a madres y padres de familia, personal docente y adolescentes. A través de los medios de comunicación, ha tenido la oportunidad de informar y orientar a personas, tanto en México como en el extranjero, acerca del riesgo de consumir drogas y las consecuencias que esto trae.

Con esta nueva edición ilustrada de su libro *Girando en un tacón* busca llegar a la mayor cantidad posible de personas para evitarles vivir una historia como la que ella vivió en su temprana juventud.

Sigue a Regina Kuri

@reginakuri
@reginakuri
@girandoenuntaconilustrado

¿Quién es Triana Parera Argüelles?

La ilustradora

Nació un 23 de abril en la Ciudad de México. Es egresada del INBA por la Escuela Nacional de Pintura, Escultura y Grabado (ENPEG) "La Esmeralda". Cuenta con estudios de Psicología y Arquitectura.

Ha montado varias exposiciones (tanto individuales como colectivas) en México y en el extranjero. Ha colaborado con diversas marcas como The North Face, Adidas Originals, Fender, Ford, Google y Cerveza Pacífico y con artistas como Roger Waters en áreas de diseño de arte y diseño gráfico.

Explora diversos medios y sus intereses tienen que ver con el absurdo de la realidad, usa el sarcasmo y el sentido del humor para poder representar a los humanos como seres mucho más animales que racionales.

Sigue a Triana Parera

@ @triana_mx

Directorio de centros de ayuda en República Mexicana

Al-Anon

Grupos de ayuda mutua para familiares de enfermos alcohólicos y adictos
55 5208 2170
www.alanon.mx

Alcohólicos Anónimos

Tel. 55 5264 2406 / 01 800 21 69 231
www.aamexico.org.mx

Clínicas Claider

Tratamiento en adicciones de corta estancia
Tel. 55 5682 4500
www.claider.com.mx

Monte Fénix

La solución para tu adicción
Tel. 55 5681 3011 / 01 800 0070 200
www.montefenix.org.mx

Punto de Partida

Tratamiento residencial y ambulatorio
Tel: 55 3106 4437 / 55 5135 6659
puntodepartida.org.mx

Quinta Santa María

Tratamiento de adicciones de bajo costo
Tel: 779 796 0506 / 779 104 3204
quintasantamaria.org.mx